晚清民國時期中國名勝古蹟圖集

藝術社圖傳敬題

晚清民国时期中国名胜古迹图集

CHINESE HISTORICAL SITES OF THE LATE QING DYNASTY AND THE REPUBLIC OF CHINA

第拾壹卷　全本精装版

山东曲阜	□
山东泰安	□
山东邹县　山东泗水	□
山东兖州　山东济宁	
山东长清　山东济南	□
山东肥城　山东嘉祥	

[日] 常盘大定　关野贞　著
刘红　译

VOLUME II

QUFU CITY OF SHANDONG PROVINCE

TAI'AN CITY OF SHANDONG PROVINCE

ZOUXIAN COUNTY OF SHANDONG PROVINCE
SISHUI COUNTY OF SHANDONG PROVINCE
YANZHOU CITY OF SHANDONG PROVINCE
JINING CITY OF SHANDONG PROVINCE

CHANGQING COUNTY OF SHANDONG PROVINCE
JINAN CITY OF SHANDONG PROVINCE
FEICHENG CITY OF SHANDONG PROVINCE
JIAXIANG COUNTY OF SHANDONG PROVINCE

图书在版编目（CIP）数据

晚清民国时期中国名胜古迹图集：全本精装版. 第十一卷 /（日）常盘大定,（日）关野贞著；刘红译. -- 北京：中国画报出版社, 2019.6（2024.7重印）
ISBN 978-7-5146-1726-9

Ⅰ. ①晚… Ⅱ. ①常… ②关… ③刘… Ⅲ. ①名胜古迹－中国－近现代－图集 Ⅳ. ①K928.70-64

中国版本图书馆CIP数据核字(2019)第049259号

晚清民国时期中国名胜古迹图集（全本精装版） 第十一卷

[日] 常盘大定　关野贞 著　刘红 译

"十三五"国家重点图书出版规划
国家出版基金资助项目

| 策　　划：于九涛 |
| 项目主持：于九涛　齐丽华 |
| 本卷主编：张明杰 |
| 校　　译：张建伟 |
| 责任编辑：廖晓莹 |
| 封面设计：郑建军 |
| 责任印制：焦　洋 |

出版发行：中国画报出版社
地　　址：中国北京市海淀区车公庄西路33号　邮编：100048
发 行 部：010-88417418　010-68414683（传真）
总编室兼传真：010-88417359　版权部：010-88417359

开　　本：16开（889mm×1194mm）
印　　张：16.5
字　　数：100千字
版　　次：2019年6月第1版　2024年7月第3次印刷
印　　刷：三河市金兆印刷装订有限公司
书　　号：ISBN 978-7-5146-1726-9
定　　价：1980.00元（全十二卷）

作 者

常盘大定 (1870—1945)

日本宫城县人,研究中国佛教之学者。历任日本真宗中学、天台宗大学、日莲宗大学、真宗大学、丰山大学、东京大学等校教师。1920年以后五次来华,研究敦煌、云冈、龙门诸石窟及房山石经等佛教史迹。主要著作有《印度文明史》、《释迦牟尼传》、《中国佛教史迹》、《中国佛教史迹英文评解》五册(与关野贞合著)、《中国文化史迹》十二册(与关野贞合著)等。

关 野 贞 (1868—1935)

日本近代著名建筑史研究家,生前为东京大学工学部建筑学科教授。不仅在日本建筑史方面造诣很深,而且在中国、朝鲜等国的建筑与美术史研究界也享有盛名。曾多次到中国、朝鲜及印度等国实地考察,撰写了一批影响深远的考察报告和学术论著。主要著作有《日本的建筑与艺术》、《朝鲜的建筑与艺术》、《中国的建筑与艺术》、《中国文化史迹》十二册(与常盘大定合著)等。

译 者

刘 红

山东大学外文系日语专业本科毕业,天津外国语大学日本文学硕士,日本上智大学国际关系论硕士并修完博士课程,专攻国际关系史,现任日本武藏野大学外籍教师。发表论文《抗日战争时期中国知识分子的作用——关于郭沫若》《驻美大使期间的胡适》等,译著《中国漫游记》等。

目录 / CONTENTS

山东曲阜 七 / Qufu City of Shandong Province

概述	八	Introduction
孔庙	一〇	Confucian Temple
孔林	九八	Cemetery of Confucius and his Descendants
颜庙	一〇八	Yanzi (Confucius' famous disciple) Temple
复圣殿	一一二	Fusheng Palace
周公庙	一一六	Zhougong Temple
矍相圃 石人	一一八	Juexiang (Arrow Shooting) Field Stone Figures

山东泰安 一二一 / Tai'an City of Shandong Province

蒿里山	一二二	Haoli Mountain
岱庙	一三〇	Daimiao Temple
泰山	一四六	Taishan Mountain
徂徕山 映佛岩	一六四	Culai Mountain Yingfo Cliff

山东邹县 一六八 / Zouxian County of Shandong Province

孟庙	一六八	Mencius Temple
孟子墓及孟母碑	一七二	Tombs of Mencius and Stele for Mencius' Mother
重兴寺 九层砖塔	一七六	Chongxing Temple Nine-store Brick Pagoda

山东泗水 一八〇 / Sishui County of Shandong Province

山东兖州 一八二 / Yanzhou City of Shandong Province

| 兴隆寺 砖塔 | 一八二 | Xinglong Temple Brick Pagoda |
| 文庙 北魏兖州刺史贾思伯碑 | 一八六 | Confucian Temple Stele for Official Jia Sibo of Yanzhou of the Northern Wei Dynasty |

山东济宁 一八八 / Jining City of Shandong Province

文庙	一八八	Confucian Temple
铁塔寺	一九六	Iron Pagoda Temple
普照寺 石塔	一九八	Puzhao Temple Stone Pagoda

山东长清

- 真相寺　舍利塔铭
- 五峰山
- 莲花洞
- 五峰山庙
- 玉皇庙　唐石造白塔

山东济南

- 吕仙阁
- 长春观
- 道院
- 大明湖
- 北极阁
- 金石保存所
- 北魏孙宝憘造像

山东肥城

- 孝堂山石室
- 孝堂山下石祠

山东嘉祥

- 武氏石祠
- 石阙
- 石狮
- 晋阳山慈云寺天王殿画像石
- 嘉祥县所得画像石
- 鱼台县所得画像石

译后记

Changqing County of Shandong Province

- Zhenxiang Temple　Inscription of Dagoba
- Wufeng Mountain
- Lianhua (Lotus) Cave
- Wufeng Mountain Temple
- Yuhuang Temple　White Stone Pagoda of the Tang Dynasty

Jinan City of Shandong Province

- Luxian Pavilion
- Changchun Taoist Temple
- Taoist Temple
- Daming Lake
- Beiji (North pole) Pavilion
- House Preserving Golden Stone
- Statue of Sun Baoxi of the Northern Wei Dynasty

Feicheng City of Shandong Province

- Stone Rooms of Xiaotang Mountain
- Xiashi Temple of Xiaotang Mountain

Jiaxiang County of Shandong Province

- Stone Halls of Family Wu's Ancestral Temple
- Stone Wall with Inscription
- Stone Lion
- Stone Relief in Tianwang (Heavenly king) Hall of Ciyun Temple of Jinyang Mountain
- Stone Relief from Jiaxiang County
- Stone Relief from Yutai County

Translator's Notes

山东曲阜 | QUFU CITY OF SHANDONG PROVINCE

QUFU CITY OF SHANDONG PROVINCE

TAI'AN CITY OF SHANDONG PROVINCE

ZOUXIAN COUNTY OF SHANDONG PROVINCE
SISHUI COUNTY OF SHANDONG PROVINCE
YANZHOU CITY OF SHANDONG PROVINCE
JINING CITY OF SHANDONG PROVINCE

CHANGQING COUNTY OF
SHANDONG PROVINCE
JINAN CITY OF SHANDONG PROVINCE
FEICHENG CITY OF SHANDONG PROVINCE
JIAXIANG COUNTY OF SHANDONG PROVINCE

山东曲阜
山东泰安
山东邹县　山东泗水
山东兖州　山东济宁
山东长清　山东济南
山东肥城　山东嘉祥

概述

曲阜为古时鲁国国都，县城周围不过五公里，城内有孔庙、颜庙，城北还有孔林，因而驰名中外。孔庙位于城中心偏西南处，其东北处为颜庙（图1-1、图1-2），衍圣公府紧邻孔庙东边。衍圣公府为孔子第七十七代子孙孔德成的居所。衍圣公为世袭爵位。

今经实地测量，得出曲阜、孔庙及颜庙的面积，具体结果如下：

曲阜，东西长约一千三百七十米，南北长一千零二十米，总面积约为一百四十万平方米；

孔庙，东西长约一百五十一米，南北长约六百四十五米，总面积约为九万七千四百平方米；

颜庙，东西长约一百一十五米，南北长约二百三十六米，总面积约为两万七千平方米。

即孔庙与颜庙加起来约占曲阜总面积的一成。曲阜城的与众不同可见一斑。

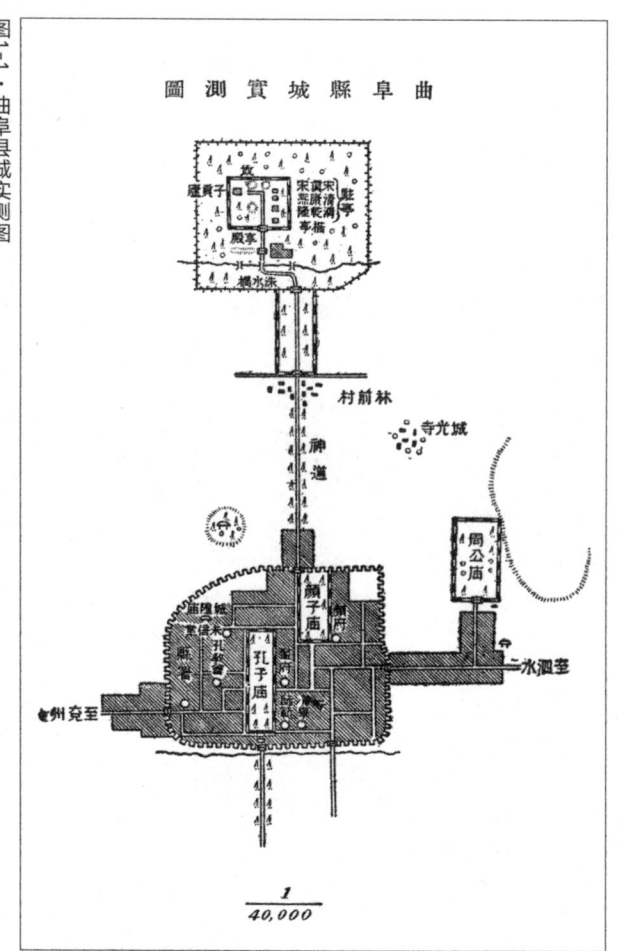

图1-1·曲阜县城实测图

图 1-2·孔庙·衍圣公府

孔庙

孔庙的建筑及祭祀

据庙中文献记载，周敬王四十二年（前478），即孔子死后第二年，鲁哀公追封孔子为尼父，将其故居改建为庙。因此一般都视庙址为孔子故居所在。汉高祖以太牢祭祀孔子，后世纷纷效仿。《水经注》里说"庙屋三间，夫子在西间东向，颜母在中间南向，夫人隔东一间东向。夫子床前，有石砚一枚，作甚朴，云平生时物也"。由此大致可推知汉代孔庙的规模，显然当时的孔庙没有现今如此大的规模。不过，天子亲自以太牢祭祀，可见孔子受人敬仰的程度。

东汉桓帝元嘉二年（152），置百石卒史一人守庙，汉灵帝建宁三年（170）又置守庙百户。汉献帝时，孔庙遭遇火灾。魏文帝黄初元年（220）令鲁郡重修孔庙，置百户吏卒。刘宋文帝元嘉十九年（442）又加以修缮，且植松柏六百株。北魏孝文帝也特别尊崇孔子，延兴二年（472）下诏修庙，改祭祀法令，使之更为严密。据说东魏孝静帝兴和三年（541）兖州刺史李仲璇首次建造了圣像及十哲像。北齐文宣帝天保元年（550）以邑百户祭祀，并时时令鲁郡修缮孔庙。梁敬帝太平二年（557）下令修庙，陈后主至德三年（585）又敕令修葺。

至唐代，高祖武德九年（626）及高宗乾封元年（666）又进行了重修及增修。中宗神龙元年（705）置邹鲁百户岁祭之，同先天元年（712），以近三十户供洒扫孔庙，玄宗开元二十七年（739）追谥孔子为文宣王，改孔子圣像的服饰为帝王模样，变更祭祀用音乐等，乐用宫悬，舞用八佾。翌年，为洒扫孔林和孔庙又供给百户。宪宗元和十三年（818）为洒扫圣庙再次供给五十户，懿宗咸通四年（863）为洒扫林庙，供给五十户。

五代以后的大事摘记如下：周太祖广顺二年（952）天子行幸曲阜，祭祀孔子，献银制酒器及香炉，敕令兖州修庙，供给十户洒扫庙宇，禁止砍伐庙内树木；宋太祖建隆元年（960）立五十六戟于庙门，以正一品之礼祭祀孔子；真宗大中祥符元年（1008）行幸曲阜祭奠孔子，置祭器于庙中，翌年又为圣像加冕服桓玉，按上公之礼，头戴九旒冕冠，身穿九章王服。仁宗庆历八年（1048）为孔子之父齐国公像加九章服，并于圣殿后为其建庙，徽宗崇宁四年（1105）文宣王殿改称大成殿，圣像又加冕冠十二旒，衮服九章。大观四年（1110）为圣像加镇圭，庙门增加二十四戟，全然一副帝王风范。

之后至金世宗大定十四年（1174）根据周代礼仪，圣像进而改为冕冠十二旒，王服十二章。到了元代，太宗九年（1237）敕令衍圣公孔之措修庙，并拨给修葺费用，供给守庙一百户。武宗至大元年（1308）以太牢祭祀之，配祀兖国公、邹国公，赐银币。同三年置曲阜宣圣登歌乐。仁宗延祐七年（1320）置司乐一人，管勾一人。明代宣宗至思宗期间，凡天子即位之际，定派官人以太牢行祭告仪式。孝宗弘治十二年（1499）孔庙烧毁，弘治十三年（1500）二月建大成殿九间，殿前立盘龙石柱、两翼及后檐立镂花石柱，现存大成殿周围石柱皆为此时所造。清代也有几次修缮，但都没有什么特别值得记载的。

如上所述，孔庙深受历代帝王敬仰，其中北魏、金、元、清等时期敬仰之情尤为深厚。这一点从后面所要记述的追谥中即可了解到，这些时代的天子皆非汉人，但是尊崇孔子之心却甚于汉人，大概其中也有怀柔汉人之意吧。

孔子及其父母等的追谥

中国历代对孔子的尊崇，从孔庙建筑的历史变迁可见一斑，另外从对孔子的追谥及对其后代的加封晋爵更进一步证明了这一点。简单说来，追谥随时代的变化而不同，但越往后谥号的尊崇程度越高。到了宋代不仅加封孔子，还追封其父母、夫人，加封其子孙，并赠与弟子侯伯的称号。清代更是加封其祖上五代各种王号。这些变迁摘记如下。

周敬王四十二年（前478）鲁哀公封孔子为尼父。

西汉平帝元始元年（1）追谥孔子为褒成宣尼公。

东汉和帝永元四年（92）追封孔子为褒尊侯。

北魏孝文帝太和十七年（493）再封孔子为文圣尼父。

北周静帝大象二年（580）追谥孔子为邹国公。

隋文帝开皇初年（581）封孔子为先师尼父。

唐太宗贞观二年（628）尊孔子为先圣。

唐太宗贞观十一年（637）尊孔子为宣父。

唐高宗永徽年间封周公为先圣，孔子为先师。

唐高宗显庆二年（657）再尊孔子为先圣。

唐高宗乾封元年（666）追封孔子为太师。

唐中宗天授元年（690）追封孔子为隆道公。

唐玄宗开元二十七年（739）追谥孔子为文宣王。

宋真宗大中祥符元年（1008）加谥孔子为元圣文宣王，追封孔子父叔梁纥为齐国公，母颜氏为鲁国夫人，又追封孔子夫人亓官氏为郓国夫人。

宋徽宗崇宁元年（1102）追封孔鲤为泗水侯，孔伋为沂水侯。孔鲤为孔子之子，字伯鱼；孔伋为孔子之孙，名子思。

元成宗大德十一年（1307）追封孔子为大成至圣文宣王。此诏书刻制成碑保存至今。

元文宗至顺元年（1330）加封孔子为圣父，称启圣王，圣母为启圣王夫人。

元文宗至顺三年（1332）加封孔子夫人为大成至圣文宣王夫人。

明太祖洪武三年（1370）废除前代封号，只保留孔子及配祀诸贤封号。

明世宗嘉靖九年（1530）改称孔子为至圣先师，四配分别称为复圣颜子、宗圣曾子、述圣子思、亚圣孟子，十哲以下弟子皆称为先贤。

清世祖顺治二年（1645）定文庙谥号，称孔子为大圣至圣文宣先师。

清世宗雍正元年（1723）自叔梁公起上至木金父公共五代皆追封为王，追封木金父公为肇圣王、祈父公为裕圣王、防叔公为诒圣王、佰忧公为昌圣王、叔梁公为启圣王。

以下为历代帝王对孔子子孙的待遇。

西汉高祖十二年（前195）封孔子之后孔腾为奉圣君（原文为奉圣君，应为奉祀君）。

西汉元帝初元元年（前48）赐孔霸爵关内侯，号褒成君，赐食邑以祀孔子。

西汉平帝元始元年（1）封孔均为褒成侯。

东汉和帝永元四年（92）封孔损为褒亭侯。

魏文帝黄初元年（220）封孔羨为宗圣侯。

东晋武帝泰始三年（267）改封宗圣侯孔震为奉圣亭侯。

宋文帝元嘉十九年（442）封孔鲜为崇圣侯。

北魏孝文帝延兴三年（473）封孔乘为崇圣大夫。

北魏孝文帝太和十九年（495）拜孔氏四人、颜氏二人为官，封孔家宗子灵珍为崇圣侯。

北齐文宣帝天保元年（550）封孔渠为崇圣侯，后改封为恭圣侯。

梁敬帝太平二年（557）封孔子后人为奉圣侯。

北周静帝大象二年（580）改封孔渠为邹国公。

隋炀帝大业四年（608）封孔嗣悊为绍圣侯。

唐高祖武德九年（626）封孔德伦为褒圣侯。

唐中宗神龙元年（705）赐孔子子孙世袭褒圣侯。

唐玄宗开元二十八年（740）封孔璲之为文宣公。

宋真宗授孔延世曲阜令，袭封为文宣公。

宋仁宗至和二年（1055）封孔子之后为衍圣公。

宋哲宗元祐元年（1086）改衍圣公为奉圣公。

宋徽宗崇宁三年（1104）再改为衍圣公加封于孔端友。

元顺宗至正八年（1348）赐衍圣公银印，加封升秩从二品。

明太祖洪武元年（1368）衍圣公改为世袭，一如前代。

清世祖顺治二年（1645）赐衍圣公孔允植三台银印。

孔庙的布局（图1-3）

曲阜县城南门称为仰圣门，紧接仰圣门的北面立有一座石造牌坊，匾额"金声玉振"四个字，隔小溪与棂星门相对而望。棂星门构造与牌坊相似，门左右围墙围绕庙宇四方，从南边数第一庭院东西两侧各有一座牌坊，匾额为"德侔天地""道冠古今"，这类三等牌坊各地文庙里随处可见，棂星门内匾额为"太和元气"和"至圣庙"的二基牌坊和圣时门都在庙宇中轴线上。圣时门左右院墙直达第一道庭院北边，圣时门内为宽敞的第二庭院，穿过石铺地就到了弘道门。弘道门左右各有一个掖门，其间东西墙各开一门，分别名为"快睹""仰高"。弘道门前面一条细长池塘，名曰"泮池"，上架拱桥三座。中间一座称为"璧水桥"，宽三丈三尺，长五丈。两旁两座桥宽一丈，长四丈，三座桥的石栏上都有玲珑的雕刻。快睹门外偏南有一座牌坊，名曰"阙里坊"，有一说认为这里才是真正的孔子故居。其北边一百米处有一座精致的石造牌坊，被称为"节孝坊"，是为表彰孔子第六十七代子孙衍圣公毓圻的祖母而立的。弘道门正北面为大中门，大中门左右有两个掖门，二门之间有三条石铺地，这里即是第三道庭院。两掖门左右围墙东西相连，呈直角处有一座角楼，东西围墙一直向远处延伸，与北墙相连处也有一座角楼。院墙四角各有角楼，形成一个巨大的外廓，外廓中央偏北回廊环绕之处为内郭，这里即是主庙所在地。

南面第一外郭内部中央为同文门，门左右两端之间以金刚栅隔开，栅内有许多汉、六朝、唐、宋等时期的石碑。同文门东西有明弘治碑亭，东北角和西北角为围墙环绕的斋宿坊，北边气势不凡的奎文阁与大中门、同文门在同一轴线上，是收藏赐书之处。奎文阁两侧分别有左便门和右便门，二门两侧又附属小屋，围墙东西而列，限制南北。奎文阁的北面为大成门，二者之间的廊内东边为毓粹门，西边为观德门。两门与庙外的大道相连，因此从两门出去就会来到庙外的交通干道上。此廊内有十三座碑亭，成两排并列。（图1-4）碑亭外面屹立着数目惊人的历代古碑，其中南列东起第三座碑亭后面立三块蒙古文石碑，东边一块上面只有题额"大成至圣文宣王诏书碑"，中间一块为元大德十一年（1307）所立汉蒙两文碑，西边一块为八思巴蒙古字碑。

大成门巍然屹立于毓粹、观德两门中间正北面，它是至圣庙的正门，有两掖门，分别称为"金声""玉振"。两掖门的东西又有承圣、启圣二门，为崇圣祠、启圣殿的正门。大成门内部四面回廊，正面中央为大成殿，其后是寝殿。庙内中央有一座杏殿，杏殿据说原是孔子讲学的地方，由于周围植有杏树，因此得名。大成门内中央台阶东边的古桧被称为"孔子手植桧"。

寝殿左右的回廊曲曲折折地穿过大成殿的东西两边，直到南边与金声、玉振两门相接，构成圣庙的内廊。北廊左右开两掖门，东西廊分别开有五门，东西廊分别称为东庑、西庑，里面祭祀着先贤先儒一百二十余人。寝殿后面为圣迹殿，内部刻有记载孔子一生事迹的一百二十图以及孔子像刻石，收藏有康熙、乾隆等历代皇帝御制颂碑。大成殿门前碑亭各碑年代及撰书人名详见下页表。

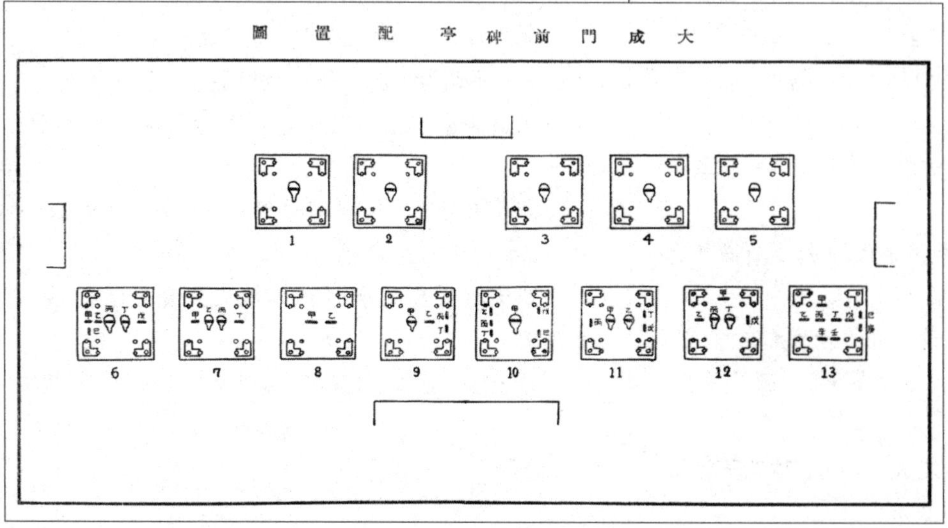

内廊东方大城门东面开有承圣门，内有诗礼堂，进入一小门，就是崇圣祠，祠后为家庙。相传崇圣祠为祭祀孔子祖宗的地方，诗礼堂是孔子令伯鱼学习诗礼之处。崇圣祠东边墙外为孔子旧居所在地，有故宅井和鲁壁。诗礼堂的前面为礼器库，内郭西侧从南到北有启圣门、金丝堂、启圣殿、寝殿紧密相

图1-4·大成门前碑亭配置图

连。启圣殿为祭祀孔子之父叔梁纥之处，寝殿为祭祀孔母颜氏之处。金丝堂据说是因为鲁壁内发出金石丝竹之声而得名，是从鲁壁移到这里的。以上内容依据塚本靖博士于一九〇七年八月至十一月之间曲阜实地调查结果。（常盘大定 文）

大成殿门前碑亭各碑年代及撰书人名

亭号	碑号	文题	撰者或书者	时间
一		敕建圣庙告成遣官致祭御制碑文		雍正八年（1730）十二月十日
二		御制重修至圣先师孔子庙碑文		康熙十二年（1673）
三		御制阙里至圣先师孔子庙碑文		康熙二十五年（1686）春二月上丁日
四		御制修建阙里圣庙碑文		雍正八年（1730）十二月十一日
五		御制躬诣阙里孔子庙庭碑文	御书 汪由敦篆额	乾隆十三年（1748）春二月吉日
六	甲	慈宁万寿晋号遣官致祭碑文		乾隆十七年（1752）正月十四日
六	乙	正位中宫慈宁晋号遣官致祭碑文		乾隆十五年（1750）十月三日
六	丙	父安海宇告功至圣遣官致祭碑文		康熙二十一年（1682）三月十二日
六	丁	懋建元年储景行至圣遣官致祭碑文		康熙十五年（1676）二月七日
六	戊	皇后神主升祔太庙礼成遣官致祭碑		康熙五十八年（1719）仲春月祭日
六	己	恭和圣制甲子冬至幸阙里诗		康熙四十九年（1710）孟夏日
七	甲	兹属应图之始遣官致祭碑文	孔继涑书（碑阴有乾隆御笔题诗）	雍正十三年（1735）十二月十五日
七	乙	奉天明命绍缵丕基遣官致祭碑文		康熙七年（1668）四月十五日
七	丙	奉天明命绍缵丕基遣官致祭碑文		顺治八年（1651）四月七日
七	丁	御制平定金川告太学碑文	梁诗正书（满汉两体）	乾隆十四年（1749）夏四月吉日
八	甲	鲁孔夫子庙碑文	江夏李邕文 范阳张庭珪书	大唐开元七年（719）十月十五日建
八	乙	大唐赠泰师鲁先圣孔宣尼碑	崔行功撰文 孙师范书	乾封元年（666）
九	甲	大元重修至圣文宣王之碑	阎复撰刘赓书 刘悫篆	大德六年（1302）
九	乙	道统圣贤之赞	卢陵陈凤梧赞 鲁国望洋当篆	大明嘉靖二年（1523）夏四月
九	丙	重修至圣庙碑记		光绪二十四年（1898）九月
九	丁	葺修宣庙寝殿并庙前金水河碑	广安胡骏记并书	
十	甲	大元敕修曲阜宣圣庙碑	欧阳玄撰 嵝嵝书 张起岩撰	至元五年（1339）二月吉日建
十	乙	重修尼山祠庙记功碑	七十七代衍圣公德成嘱宗人繁裕记 大兴冯恕书丹	中元甲子第二年乙丑五月
十	丙	重修圣迹殿碑	侯官许作屏撰 文孔传基敬书	嘉庆十一年（1806）春二月吉日
十	丁	葺修大成殿碑记		嘉庆六年（1801）六月吉日
十	戊	重修至圣庙碑记（前）绩修至圣庙碑记（后）		同治十一年（1872）四月吉日 光绪二年（1876）五月吉日
十	己	五言律碑	陈洗敬题 陈世倌谨志	康熙五十九年（1720）六月 雍正辛亥（1731）长至
十一	甲	大宋重修兖州文宣庙碑铭	吕蒙正撰 白崇矩书并篆额	太平兴国八年（983）十月十六日建
十一	乙	大金重修至圣文宣王之碑	党怀英撰并书丹篆额	明昌六年（1195）
十一	丙	大明重修宣圣庙记	刘珝书	弘治元年（1488）春三月吉日
十一	丁	皇帝御制圣赞	宋米芾篆书	
十一	戊	敕修文宣王庙碑（前）皇帝躬谒玄圣文宣庙以太牢致祭碑（后）	河东裴璘书	景德三年（1006）二月十六日 大中祥符元年（1008）
十二	甲	御制慈围万寿晋号遣官致祭碑	曹秀先书	乾隆三十七年（1772）
十二	乙	御制乾隆周早嘉庆纪元遣官致祭碑	孔宪增书	嘉庆元年（1792）三月
十二	丙	御祭五代王遣官致祭碑文		雍正二年（1724）闰四月六日
十二	丁	册封至圣先师五代王碑文		雍正元年（1723）六月十二日
十二	戊	重建至圣先师孔子庙碑文	留保撰	雍正八年（1730）庚戌九秋
十三	甲	御制平定准格尔告成太学碑文	御笔	乾隆二十年（1755）夏五月之吉
十三	乙	欢风吴会道出鲁邦遣官致祭碑文		乾隆十六年（1751）正月二十九日
十三	丙	边徼绥宁慈宁晋号遣官致祭碑文		乾隆十四年（1749）六月五日
十三	丁	雍正嗣位遣官致祭碑文		雍正元年（1723）甲寅月祭日
十三	戊	岁逢庚戌仲秋遣官致祭碑文		雍正八年（1730）八月二十七日
十三	己	感恩碑	孔传铎撰	雍正二年（1724）四月吉日
十三	庚	大清钦设执事官题名碑		乾隆十四年（1749）九月
十三	辛	御制六旬展庆遣官致祭碑文	孔繁灏书	嘉庆二十五年（1820）六月
十三	壬	御制缵基之始遣官致祭碑文	孔繁灏书	道光元年（1821）正月

注：依据《中国营造学社汇刊》第六卷第一期

金元碑亭

曲阜文庙大成殿前有两列碑亭，前排东起第五块为金元碑亭，内有元大德五年（1301）所建"大元重修至圣文宣王庙碑"。亭为方三间重层，第一层四面开放，内部可见。斗拱二重飞檐，柱间距离大，手法与日本镰仓圆觉寺舍利殿的斗拱相似，形态劲拔，细微处也气势尽显，碑亭大概与石碑为同一时代所建。（关野贞文）

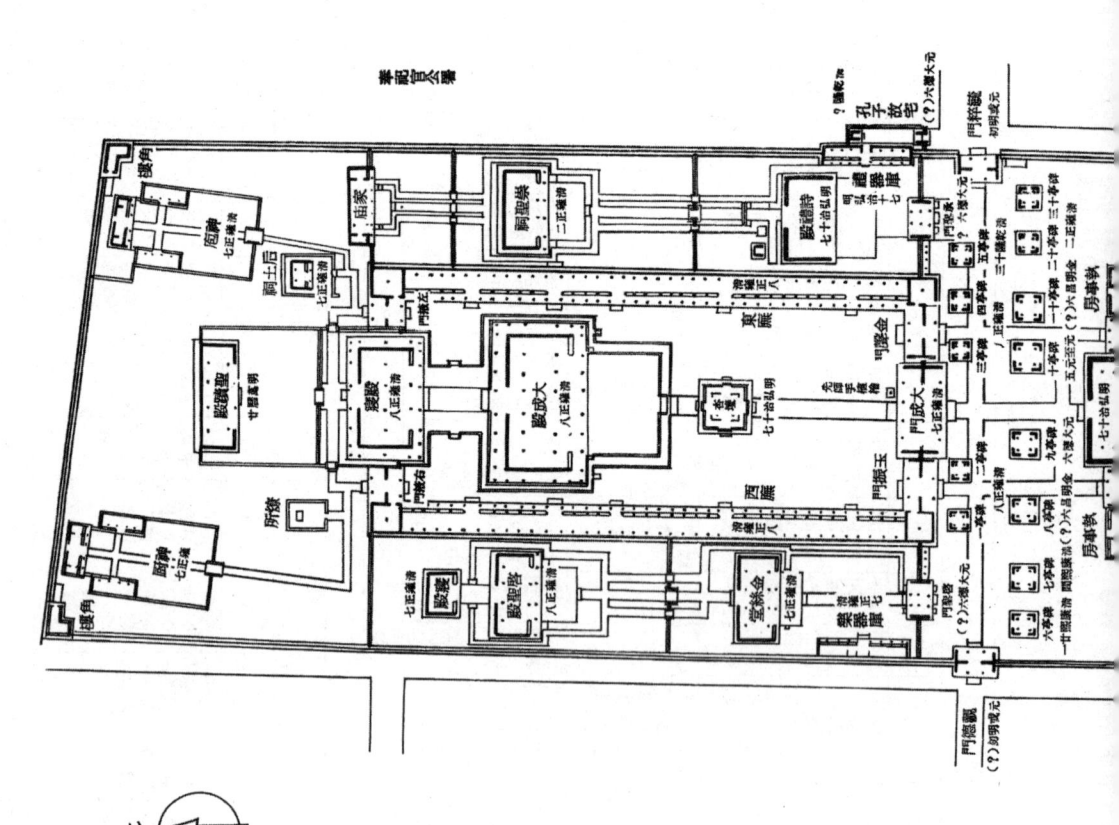

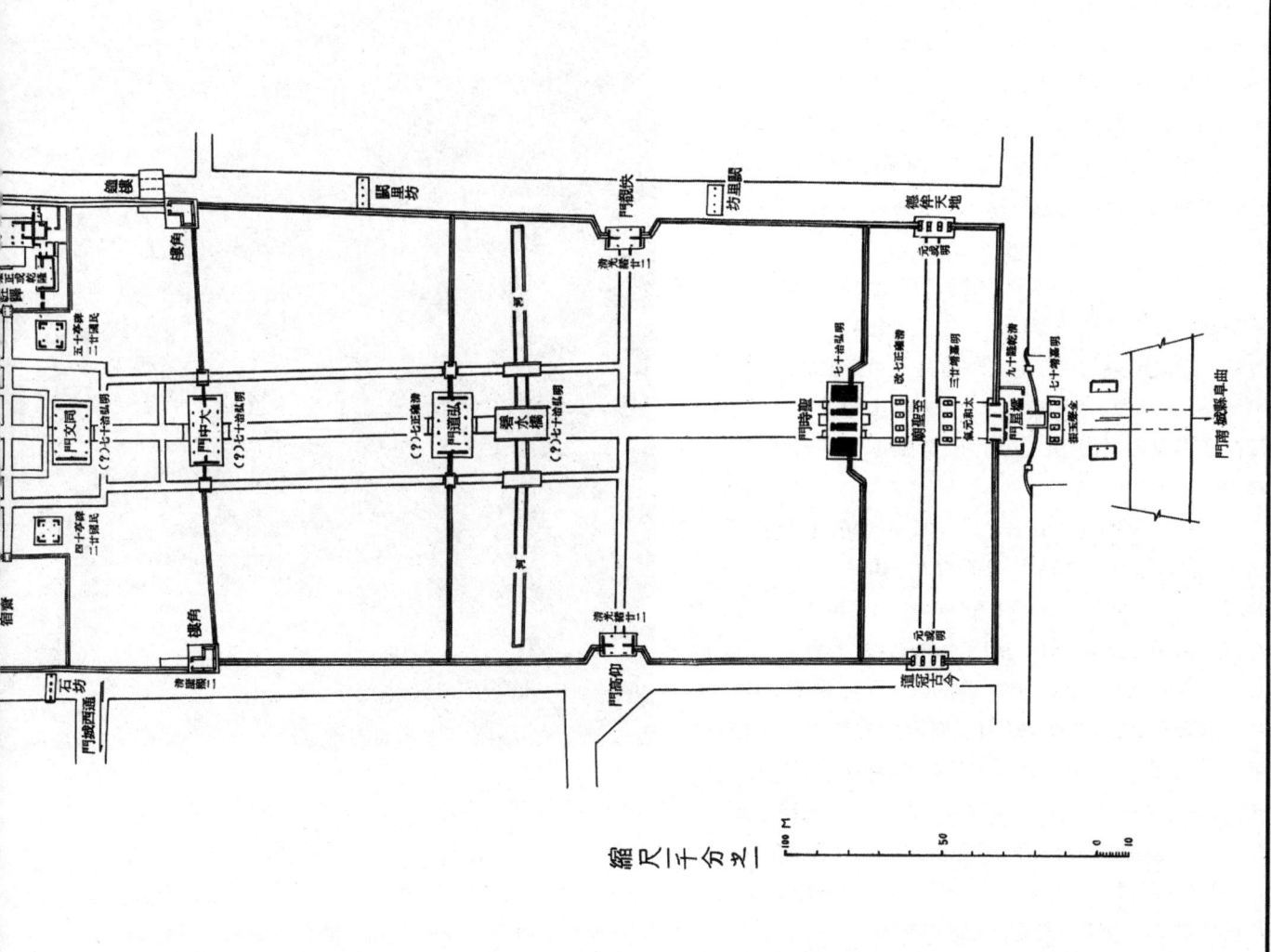

图1-3·山东省曲阜圣庙立面图

大成殿

　　山东省曲阜的文庙，原为孔子故居，创建于周敬王四十二年（前478），经过历代扩建，规模不断增大。现在的建筑起工于清雍正二年（1724），历时七年竣工落成，为中国文庙中最为壮丽的一座。大成殿殿基呈双层，前有露台，殿基、露台石阶都绕以青石雕栏。大成殿平面为面阔九间（译者注：日本的长度单位，一间约1.818米，下同），进深五间，周围以甬道贯穿，侧柱皆为灰色大理石造，前面一列为深浮雕云龙石柱，另外三面为八棱浅雕云龙石柱。斗拱三重交错，重檐歇山顶，黄瓦盖之。内部瓦铺地面，格式天棚，中央置一圣龛，其左右有四配十二哲龛。大成殿规模庞大，权衡优美，内外彩绘装饰，呈现一派庄严宏伟的景观。（图1-5、图1-6、图1-7、图1-8、图1-9、图1-10、图1-11、图1-12、图1-13、图1-14）

　　圣龛位于殿基之上，蟠龙石柱，柱间式斗拱纤细优美，檐壁上刻有透雕云龙，散发出金碧灿烂之美。（图1-15）殿内安放着孔子塑像和木牌位，桌上以五具足即香炉为中心，左右花瓶一对、烛台一对。（图1-16）

（关野贞 文）

　　孔子塑像年代不是太久远，相传汉代时有画像无塑像，东魏兴和三年（541）兖州刺史李仲璇首次造像。元代杨奂的《东游记》里有"痛庙貌焚毁"的句子，所以大概金贞祐二年（1214）圣像被烧毁了。现存圣像从制作手法上就可以看出年代不是太久。（图1-17）

　　孔子像左右有四配十二哲像，东侧前边为复圣颜子、述圣子思，其后为闵子（子骞）、冉子（子雍即仲弓）、端木子（子贡）、仲子（子路）、卜子（子夏）、有子（子有），西侧为宗圣曾子、亚圣孟子，其后为冉子（子耕即伯牛）、宰子（子我）、冉子（子求）、言子（子游）、颛孙子（子张）、朱子（朱熹）。

　　寝殿后为圣迹殿，殿内正面悬挂着乾隆御笔匾额"万世师表"。（图1-18）匾额共有两块，一块挂在大成殿，另一块挂在这里。除了乾隆以外，大成殿还保存有其他皇帝的御笔匾额。"生民未有"为雍正御笔，"时中立极""与天地参"为乾隆御笔，"圣集大成"为嘉庆御笔，"德齐帱载"为咸丰御笔，"圣神天纵"为同治御笔，"斯文在兹"为光绪御笔。

　　圣迹殿内的圣迹图记载了孔子一生事迹，共一百二十图，明神宗万历二十年（1592）刻制。殿内还有一些孔子像石刻以及康熙乾隆诸帝御制碑。孔

子像中有唐代吴道子画的"先师孔子行教像"，铭文中有"德侔天地，道冠古今，删述六经，垂宪万世"的赞美诗句。此画为金明昌二年（1191）开州刺史高德裔所刻，后人又在此基础上翻刻。（图1-19）这幅图的翻刻作品中还有年代更久远的，但也没有注明年代。（图1-20、图1-21、图1-22、图1-23）

　　还有一幅吴道子所画先圣小像，铭为"万历甲申敕石"，但其他先师小像及冠带像上都没有年代标记。

图1-5·孔庙·大成殿

另外还有一幅"宣圣兖公小景"图，图上孔子跟在颜子后面向前走，为宋政和八年（1118）所刻。（图1-24）取材于同一幅图画的石刻像还有很多，"夫子庙堂记"翻刻于大元皇庆二年（1313），常盘大定从山西省太原市的夫子庙里把它拓取了下来。（图1-25）还有一块"大明洪武甲寅岁"敕石，旁边有"至正三年刊"的字样，所以是明代翻刻元至正三年（1343）的。（图1-26）

由此可见，孔子画像有很多，可是哪个最接近孔子本人呢？相传清圣祖曾这样问孔毓圻，毓圻回答，孔子跟在颜子后面向前走的那幅画像最逼真，因为据说此画为端木赐即子贡所画，由晋代顾恺之临摹。这件事的真伪不得而知，但这幅画被认为是众多画像中最像孔子的。这块石刻为宋徽宗政和八年（1118）孔子四十九代子孙孔瑀造、胡宁刻。（常盘大定 文）

图1-6·孔庙·大成殿前景

晚清民国时期中国名胜古迹图集·第拾壹卷·山东曲阜

图 1-7 · 孔庙 · 大成殿前陛

图1-8·孔庙·大成殿石栏及龙柱

图 1-9 · 孔庙 · 大成殿石栏及龙柱

图 1-10·孔庙·大成殿山花

图 1-11 · 孔庙 · 大成殿龙柱

图1-12·孔庙·大成殿天棚

图 1-13・孔庙・大成殿侧柱云龙雕刻

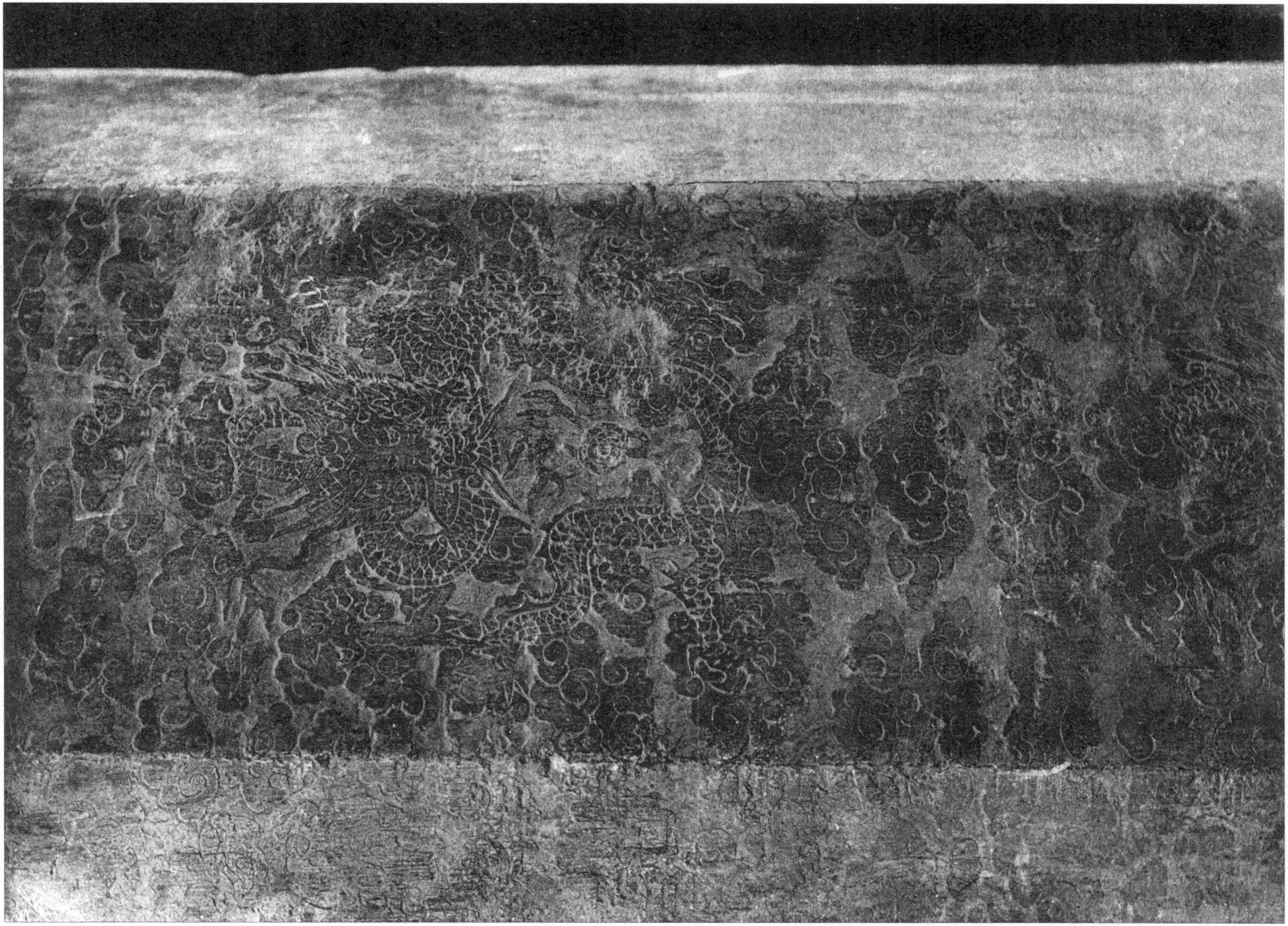

图 1-14 · 孔庙 · 大成殿

图 1-15 · 孔庙 · 大成殿

图 1-16 · 孔庙 · 大成殿 · 五具足

图 1-17 · 孔庙 · 大成殿 · 孔夫子像

晚清民国时期中国名胜古迹图集 · 第拾壹卷 · 山东曲阜

图 1-18 · 孔庙 · 圣迹殿 · 乾隆御书额 ·『万世师表』

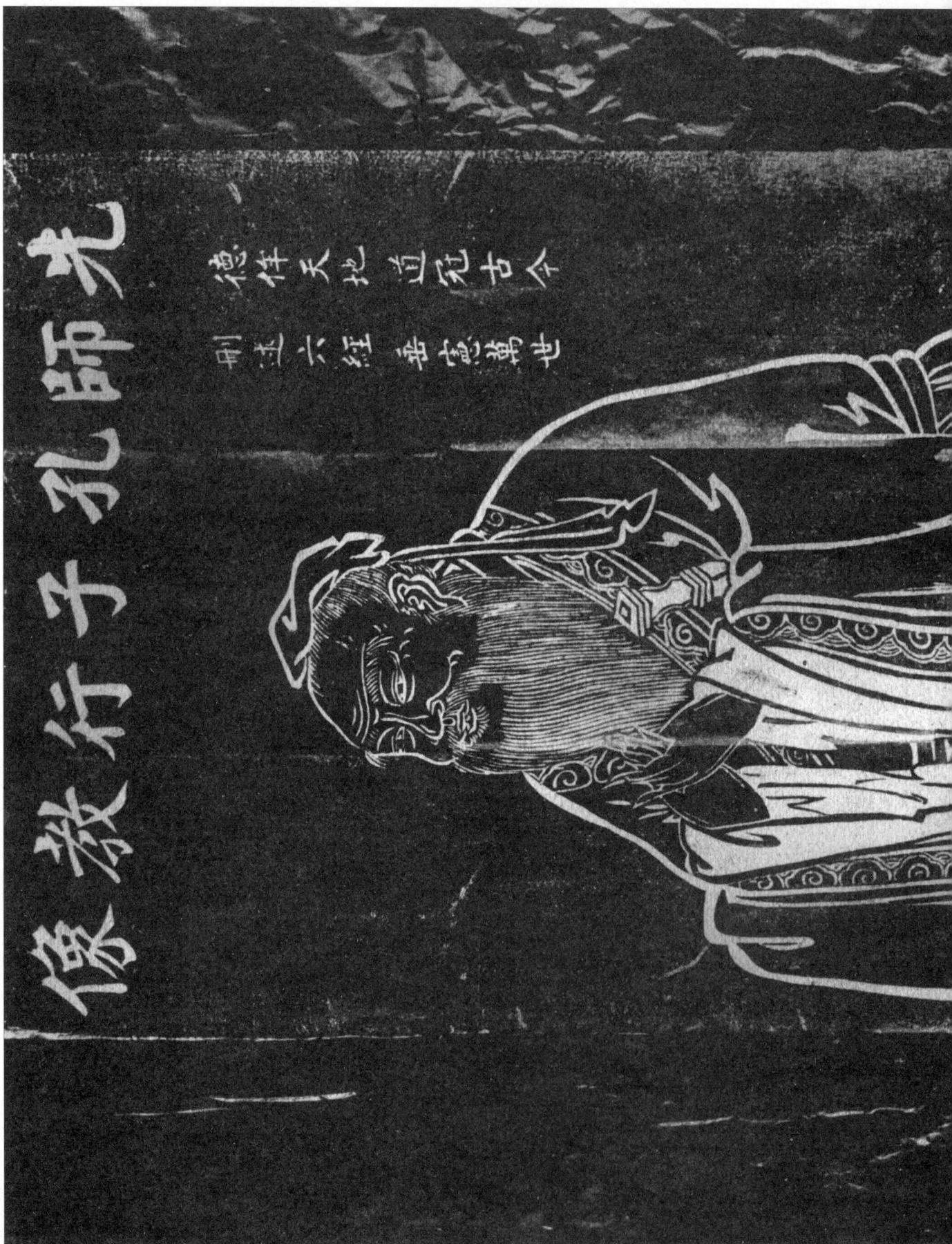

像教行子孔師先

德侔天地道冠古今
刪述六經垂憲萬世

图1-19·孔庙·圣迹殿·先师孔子行教像拓本

图1-21·孔夫子像拓本

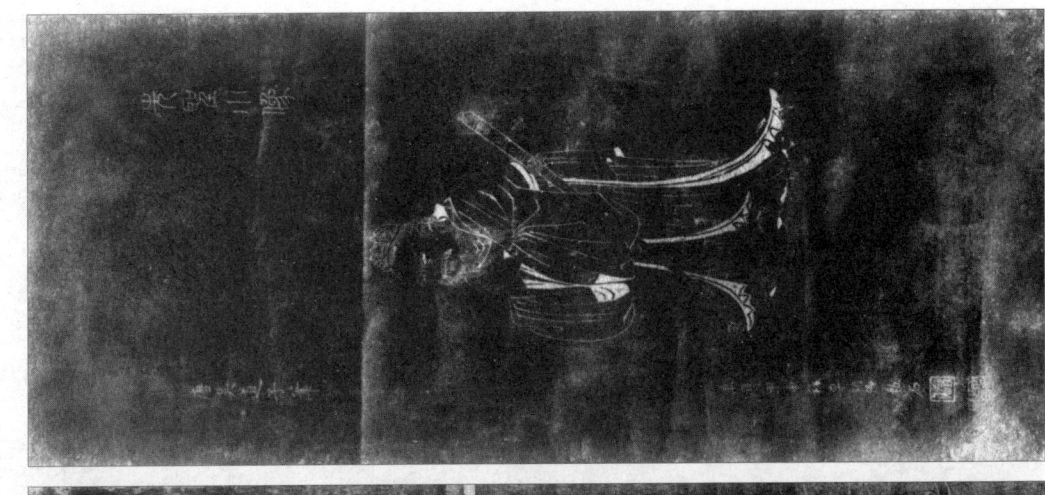

图1-23·太原文庙·先圣小像拓本（山西太原）

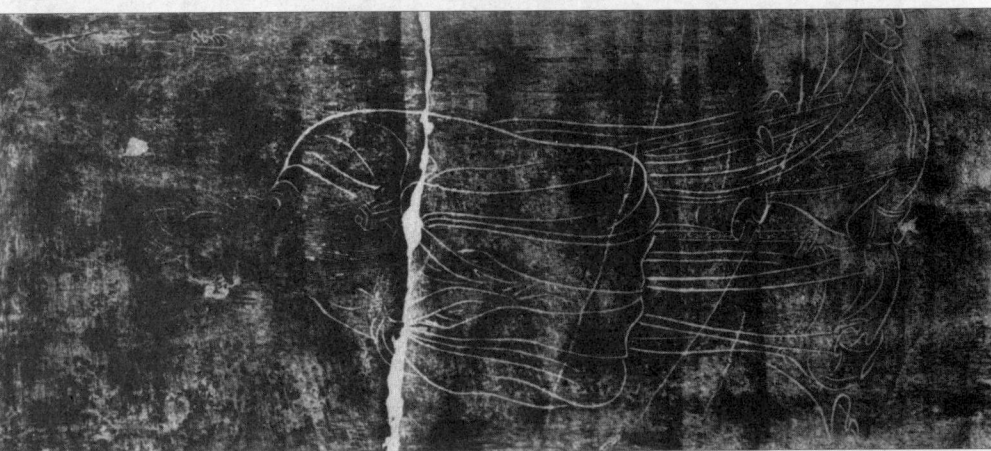

图1-22·圣迹殿·先圣小像拓本

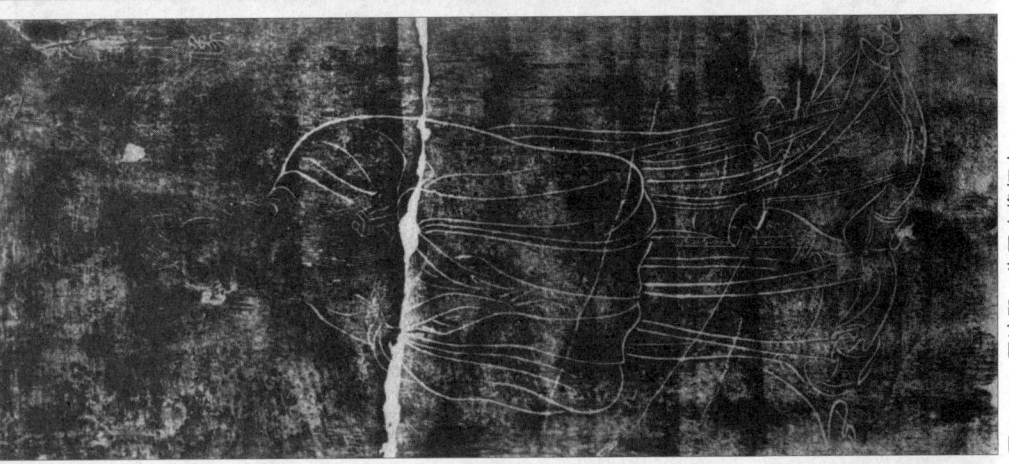

图1-20·孔夫子像拓本

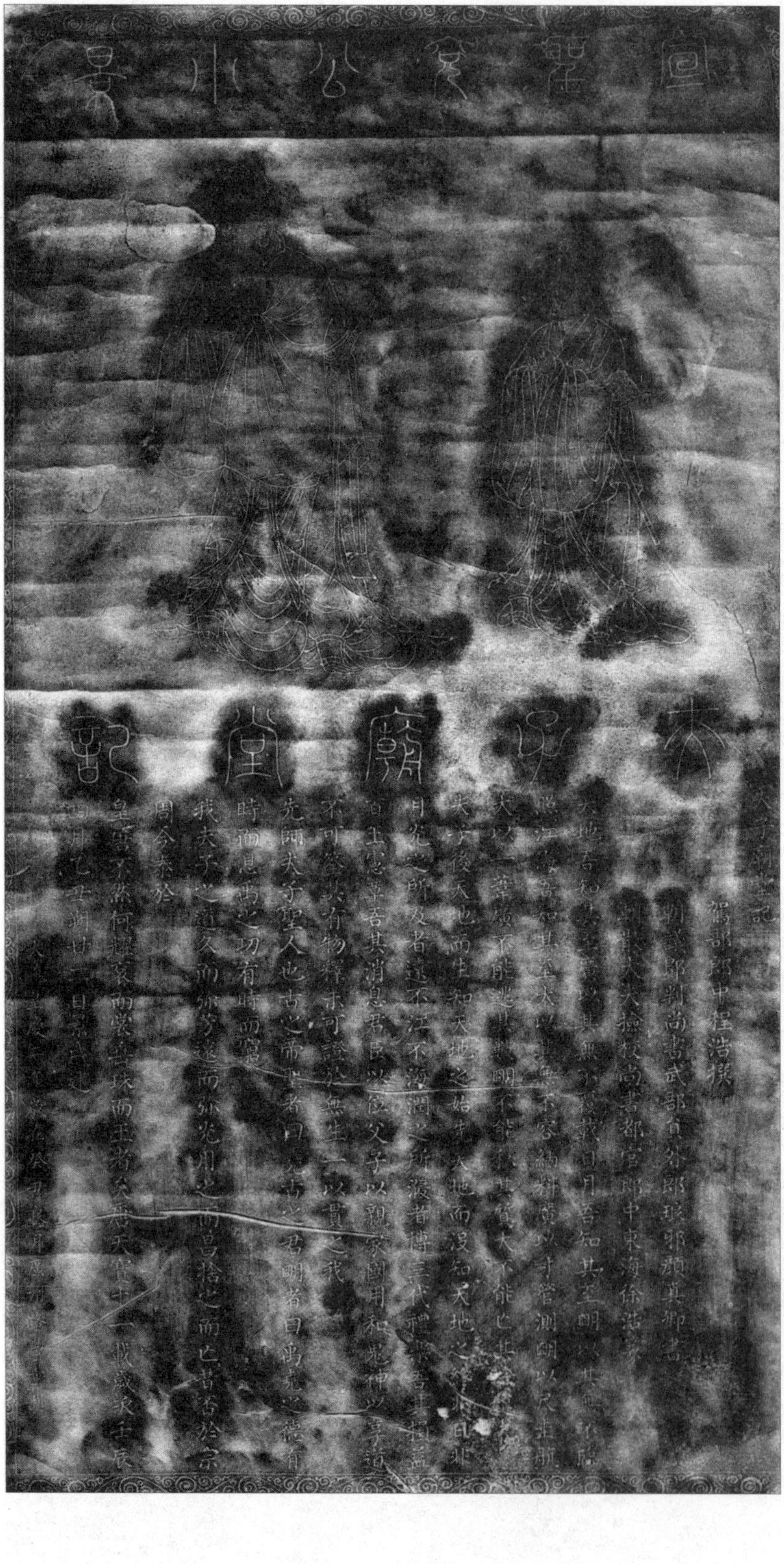

图 1-24·宣圣兖公小景拓本

图 1-25 · 宣圣兖公小景拓本

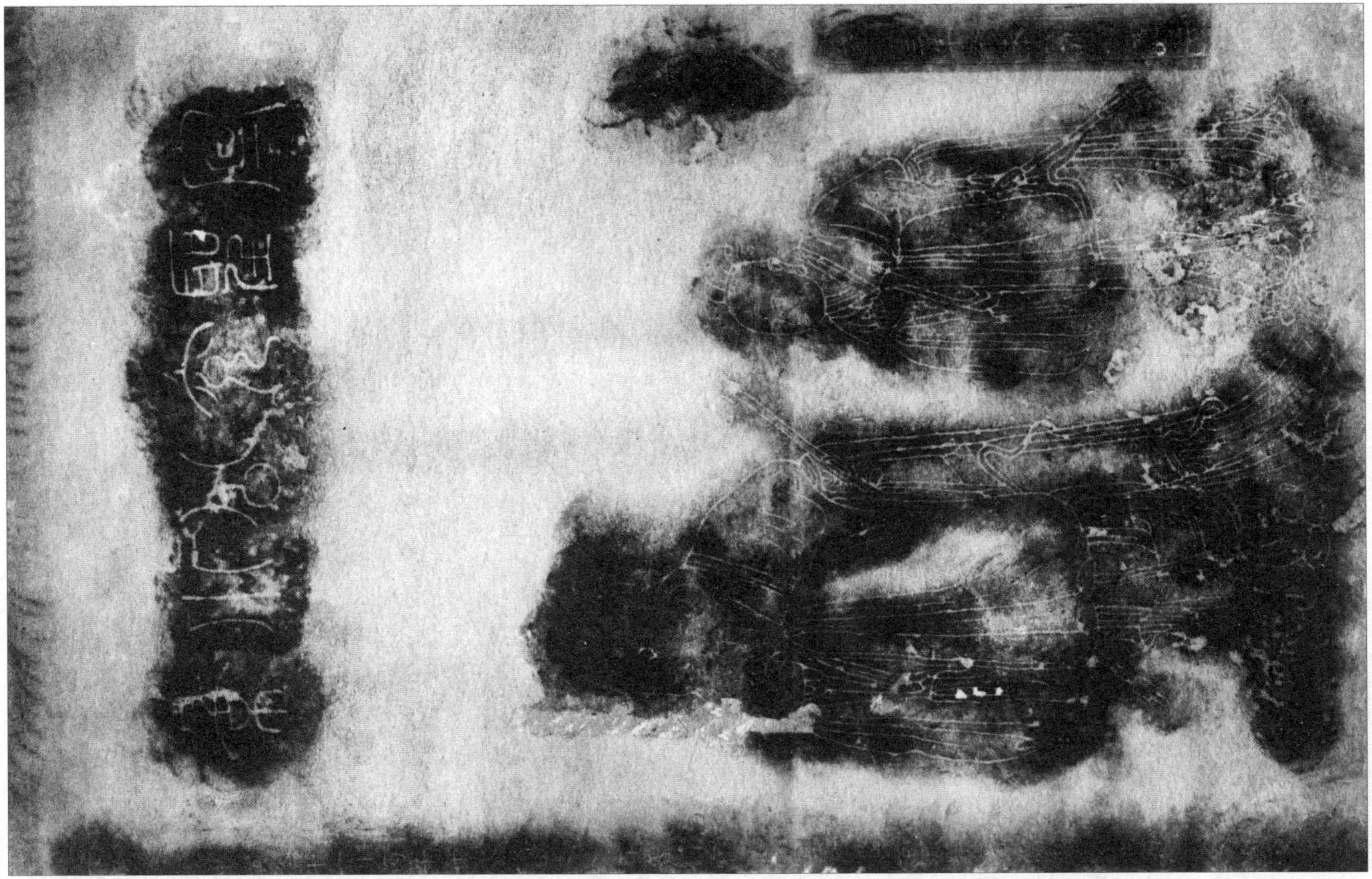

图 1-26 · 宣圣兖公小景拓本

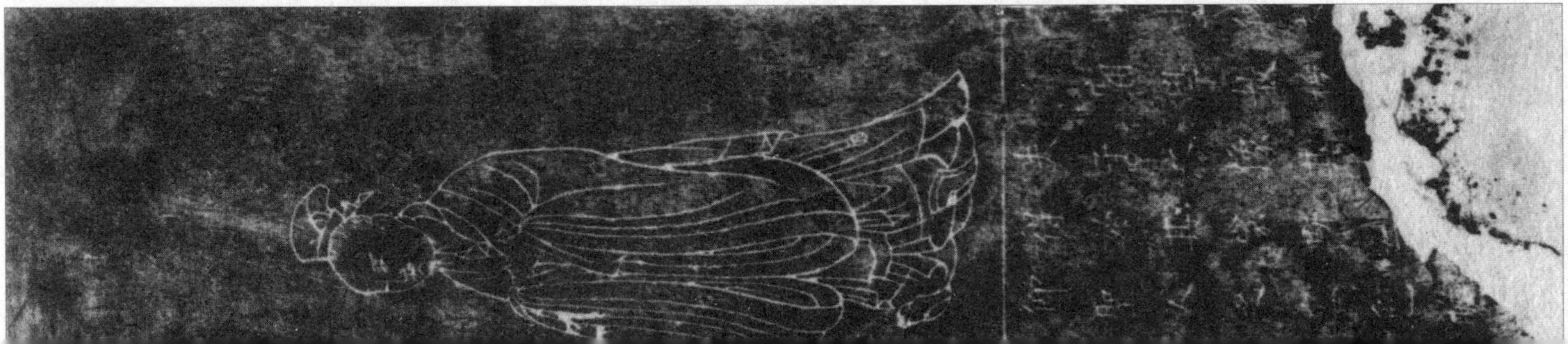

唐赠泰师鲁国孔宣公碑

此碑现立于大成殿门前第八座碑亭内，唐乾封元年（666）立。由秘书少监通事舍人内供奉臣崔行功奏敕撰文，奉敕直秘书行秘省书学博士臣孙师范书。据《金石萃编》记载，碑连额高一丈四尺三寸，宽五尺，三十一行，行八十二字，隶书。额题"大唐赠泰师鲁先圣孔宣尼碑"等十二字，篆书，并说此碑放于孔庙。碑文中有"言之不可极，其唯孔泰师乎，泰师讳丘，字仲尼，鲁国邹人，有殷之苗裔也"，又有"于时皇唐之御天下，四十有九载，即乾封之元年也，摄提□岁，勾芒献节，兖州都督霍王元轨，大启藩维，肃承纶诰"。

碑阴分上下两截。上截刻有"武德九年诏及乾封元年诏，皇太子宏表"等字；下截刻有乾封祭文。碑左刻"仪凤二年七月讫功"，介于上下两截之间，皆为隶书。碑上截左边太子表文末尾刻"金明昌二年刺史高德裔记"两行，行书。

《石墨镌华》里说，撰文者崔行功曾为开元寺《千佛记》撰文。关于行书者孙师范没有记载。此碑的分隶为唐初手法，但仍留有汉魏遗风，可与唐诏表碑等而视之。碑上分别刻有高祖高宗诏各一篇–祭文一篇–太子宏表文一篇，皆为分隶。金明昌年间石碑被暴风雨吹倒的树木压在下面，趺石受损，幸好石碑没有大碍，刺史高德裔换了一块趺石，把石碑又重新立了起来，后面又题六十五个字，行书。王元美说书法虽无太大功底，但却自有一股汉代风格，由此可了解自开元帝以来的古代书法的演变过程。（图1-27）（常盘大定 文）

宋重修兖州文宣王庙碑

此碑现立于大成殿门前第十一座碑亭内，宋太宗太平兴国八年（983）立，石碑下部为雄伟壮丽的龟趺。碑身周缘环绕宝华图案，螭首权衡与唐碑相比偏低，因此碑额颇为宽大，蟠龙手法与形状与前代不同，技法更为利落，此碑为宋碑中最为引人注目的杰作。额周缘及上部三角形内亦刻有宝相花纹。（关野贞 文）

《金石萃编》第一百二十五卷记载，"兖州文宣王庙碑"碑题"大宋重修兖州文宣王庙碑铭"，赐紫金鱼袋吕蒙正奉敕撰文，翰林待诏朝敬大夫白宗矩奉敕行书并篆额。石碑连额高一丈四尺五寸，宽五尺，二十九行，行七十二字，行书，篆额。太平兴国八年（983）岁次癸未十月癸未朔十六日戊戌立，碑阴题字十一段，但只有末段有中统二年的纪号，其他均无年月。大率为金元年间人，第一段题名中记有"四十四代孙左赞善大夫袭封文宣公宜"。《文献通考》里说，太平兴国三年（978）孔宜接诏受封太子右赞善大夫，袭封为文宣公，因此，碑中所记为袭封六年后之事。（图1-28）（常盘大定 文）

图1-27·孔庙·碑亭·唐赠泰师鲁国孔宣公碑拓本

图 1-28 · 孔庙 · 碑亭 · 宋重修兖州文宣王庙碑

大金重修至圣文宣王庙碑

此碑现立于今大成殿门前第十一座碑亭内，大概沿袭宋碑做法，模仿唐碑手法，但与宋碑相比，其工艺更加粗糙。此碑沿袭了宋碑的新手法，螭首低，额大，虽雄伟壮观，但刻画肤浅、庸俗，不过仍不失为金碑中的杰作，龟趺也颇为雄伟。（关野贞 文）

此碑作为"重修文宣王庙碑"收录在《金石萃编》第一百五十七卷中，赐紫金鱼袋党怀英奉敕撰并书丹篆额。碑阴刻有"承安二年三月旦日讫功"，可知立于承安二年（1197）。碑连额高一丈七尺一寸，宽六尺，二十九行，行七十四字，隶书；额题"大金重修至圣文宣王庙之碑"十二字，篆书。碑阴共十六段，"承安二年月日衔名"的一段共五行，隶书，居中，其中两行为"四十九代孙琪、瑭、璘、摹勒，五十代孙搢、扬、同摹勒"。其余十五段多为元人题记及诗歌，最后为写于大元延祐六年（1319）祭文，这些文字刻于四周，字体不一。（图1-29）（常盘大定 文）

元大德十一年汉蒙两文碑

此碑立于奎文阁后方、大成殿门前庭，立于元代，为蒙古文字碑。甲碑碑文、额皆为蒙文；乙碑额为蒙文，碑文为汉文与蒙文并刻。乙碑为元大德十一年（1307）作，甲碑大概亦为同一时期所作。甲碑螭首稍显俗气；乙碑手法相同，但稍显孱弱，好像马上就要掉下来一样。两块龟趺都颇为雄伟，但甲碑似乎更胜一筹，这大概是元龟趺中较出色的一块。（图1-30、图1-31、图1-32）（关野贞 文）

图1-32·孔庙·汉蒙两文碑龟趺

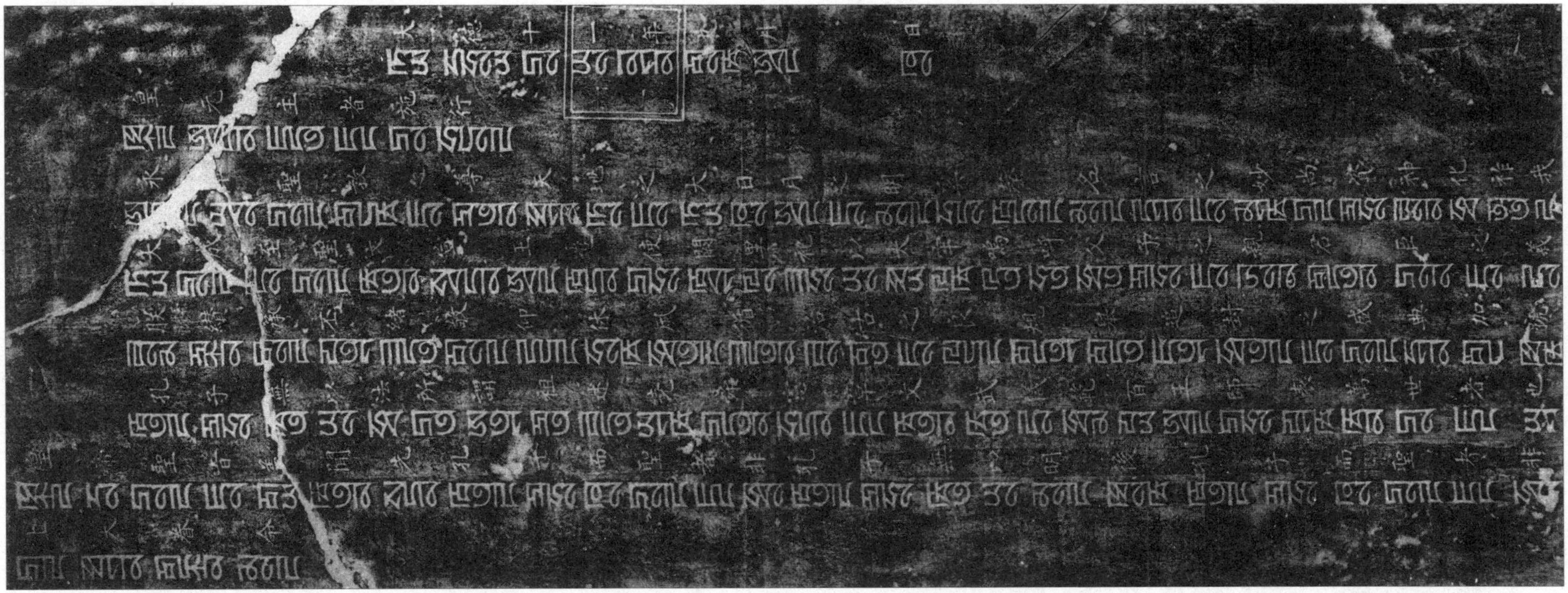

图1-29·孔庙·碑亭·金重修至圣文宣王庙碑

图1-30·孔庙·大成门前庭·元大德十一年碑拓本

图 1-31・孔庙・金元二碑龟趺

济宁文庙 孔子见老子画像石

这块画像石刻现存于济宁文庙明伦堂内壁间,正如黄易《修武氏祠堂纪略》中所记载的,画像石是乾隆年间从武氏祠移到此处的。画像石的左端为孔子见老子画像,铭刻"载洪氏《隶续》,乾隆丙午冬,钱唐黄易得此石于嘉祥武宅山,敬移济宁州学"。画像石中央孔子与老子相对而立,做欲从袖中取鸟状。大概孔子正欲向老子问礼,而鸟就是见面礼。孔子身后有一人及驾两匹马的马车,榜题"孔子车",老子的身后也有一辆马车,配有三人。(图1-33)(关野贞 文)

孔子见老子及孔门画像石

这片拓本为本书作者关野贞在济南购得。据《校碑随笔》记载,原石出土于山东省泰安,先被移至济南,后来被德国人买走,于1907年运到德国。刻石为横长形,上部刻一排云纹,这一点与东京大学工学部建筑学教室收藏的"孝堂山下小石祠"的画像相同,下部是一系列人物马车图。画像右端孔子正面向左而立,袖中藏鸟,大概正要把礼物拿出来。他的对面是手执拐杖的老子,拐杖曲折。中间有一个小童,正要从孔子手中接过小鸟。这幅拓本与济宁州学明

伦堂的孔子见老子画像石相似。老子的后面即左方有十二个人，大概是孔子的弟子，其中头戴雄鸡冠、张开双臂的是子路。老子身后一人的画像上面题有"周公"二字，令人费解，难道是后人刻上的吗？还有的画像上刻有"颜渊""子露（路）"等。（图1-34）（关野贞 文）

图1-33·济宁文庙·孔子见老子画像石拓本（山东济宁）

图1-34·孔子见老子及孔门画像石拓本

奎文阁

奎文阁在同文门的北面，为曲阜文庙中最伟大的建筑之一。阁宽九丈，深五丈五尺，高七丈四尺。它是一座建于砖砌殿基之上的层叠式建筑。第一层正面七间，侧面三间，周围八棱石柱，前面有一条甬道。上层变小，正面五间，侧面三间，外侧单坡屋顶环绕，三重斗拱，上下两层之间有一无开口夹层。楠木柱与斗拱均为彩色，屋顶为绿色琉璃瓦。金章宗明昌二年（1191）赐名为"奎文阁"，赐书藏于阁内。现在的建筑为明孝宗弘治十七年（1504）重建的，后来清顺治十三年（1656）及康熙二年（1663）又修葺过。另外奎文阁东西两边还有与三间掖门并排而立的耳房。（图1-35、图1-36、图1-37）（关野贞 文）

图1-36·孔庙·奎文阁檐周围

图1-35·孔庙·奎文阁前景

图 1-37 · 孔庙 · 奎文阁侧景

同文门

同文门位于大中门的北面、奎文阁的南面，独立成门。同文门为正面五间、侧面二间、三入口单层门。瓦造歇山顶，左右壁与内部中央门左右及两端石壁皆以砖砌成。四周八棱形石柱，以二重斗拱承接二重椽木，内外皆为彩色。

同文门左右两端之间，内外都以木栏围绕，如下表所示，内部存放有许多汉代以后的碑碣。

碑类别	数量（块）
汉碑及石刻	十三
北魏碑	一
东魏碑	一
北齐碑	一
隋碑	一
唐碑	四
宋碑	三
年代不明小碑	一
合计	二十六

各碑布局如图 1-38 所示，总共二十六块，仅汉碑就有十三块。同一个地方保存有这么多碑，实属少见，因此同文门在碑碣史上具有非常大的价值。（图1-39、图1-40）（关野贞 文）

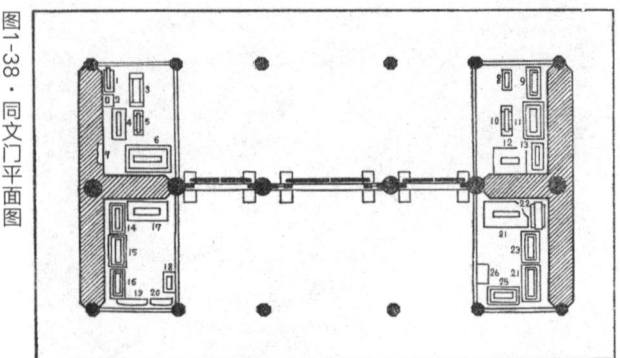

图1-38·同文门平面图

图 1-39 · 孔庙 · 同文门侧景

图 1-40 · 孔庙 · 同文门山花

汉孔庙置守庙百石卒史碑

此碑保存在同文门内。汉永兴元年（153）立，方首无穿无额，八分隶书，趺石长方，无排水檐，大概后人重修过。此碑形式上没有什么特别之处，但是它的两侧刻着奇特的云纹。有这种侧纹的汉代石碑，闻所未闻。碑宽三尺二分，厚约七寸，高六尺五寸四分。（关野贞 文）

此碑是为孔庙置守庙百石卒史孔龢而立，碑文中有"司徒臣雄""司空臣戒""前相瑛"孔子十九代孙"孔麟"等名字。"雄"即碑文中提到的司徒公河南原武吴雄，字季高；"戒"即司空公蜀郡成都赵戒，字意伯。《汉书》中说，元嘉元年吴雄任司徒，二年赵戒任司空。碑文上说，鲁相瑛姓乙，字仲卿。从碑文还可知孔子十九代孙孔麟请求设百石卒史一人掌管庙中礼器，鲁相乙瑛将此意上奏。司徒吴雄、司空赵戒诏书鲁相，选一年龄四十岁以上、通晓经书之人任守庙百石卒史。所谓百石卒史即秩百石的卒史。《汉书》儒林传中有"郡国设通五经百石卒史"的记载。因为还有二百石的卒史，所以百石的卒史就被称为"百石卒史"。

碑末刻有两行正书："后汉钟太尉书，宋嘉祐七年张稚圭按图题记。"张稚圭就是当时的郡守，大概是张稚圭根据图经断定书者为钟太尉吧。另外"黄初元年立孔羡碑"上也有张稚圭的题记。（图1-41）（常盘大定 文）

汉鲁相谒孔庙残碑

此碑也在同文门内。因为是块残碑，所以文字残损特别严重，碑状也不美观，无年代，也不知为何人所立。《金史经眼录》中说它是孔宏碑，但可信度不高。（图1-42）（关野贞 文）

图1-41·孔庙·同文门·汉孔庙置守庙百石卒史碑拓本

图 1-42 · 孔庙 · 同文门 · 汉鲁相谒孔庙残碑拓本

汉孔君墓碣

此碑立于同文门内，小碑。《金石录》说它"在孔子墓林中"；《山左金石志》中说它原在孔子墓林中，但不知何时被移到了城墙外，清乾隆癸丑年（1793）又被移回原处。碑呈圆首，无晕无穿，周围刻有波纹，很罕见，石碑周围以图文装饰的做法自汉代就有了。篆额"孔君之墓"，碑文大半残缺，开头写着□□元年乙未，年号缺，但据《金石录》记载，石碑立于汉永寿元年（155），碑宽一尺五寸六分，厚四寸五分，高三尺。（关野贞 文）

碑文磨损，仅存五十二个字，因其中有孔子十九代孙的字样，《山左金石志》认为应为孔宙、孔彪兄弟；《金石萃编》的作者王昶则认为应为孔麟、孔宙兄弟。（图1-43）（常盘大定 文）

汉孔谦碣

此碑立于同文门内，小碑，有晕有孔，碑文为隶书，磨损厉害。据碑文记载，孔谦卒于汉永兴二年（154）七月，因此推断大概不久即立此碑。碑宽一尺七寸，厚七寸四分，高二尺八寸。（关野贞 文）

碑文中说，孔谦字德让，为宣尼公二十代孙都尉君之子，卒于永兴二年（154）七月，三十四岁。由于早逝，因而没有事迹流传下来。所谓都尉君指太山都尉孔宙。《隶释》里这样记载：《孔融别传》里说，宙有七子，其中有谦、褒、融三人。（图1-44）（常盘大定 文）

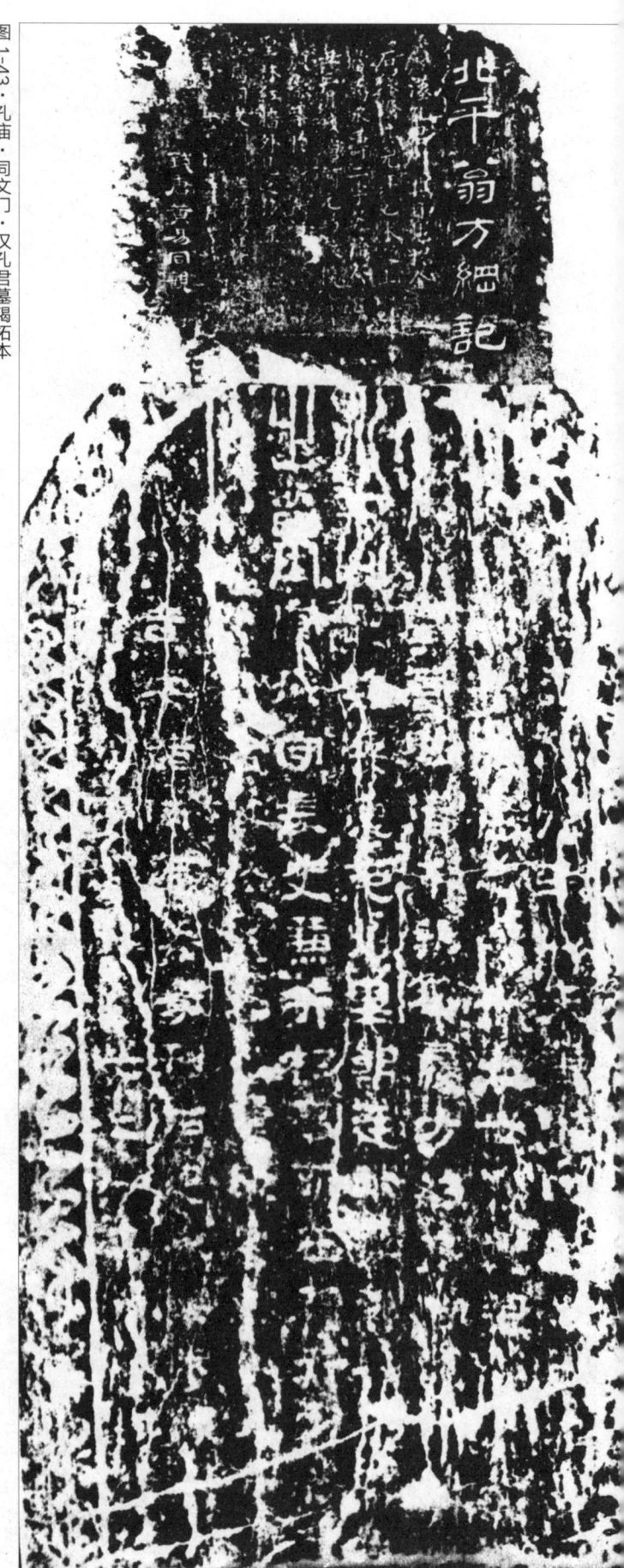

图1-43·孔庙·同文门·汉孔君墓碣拓本

图 1-44・孔庙・同文门・汉孔谦碣拓本

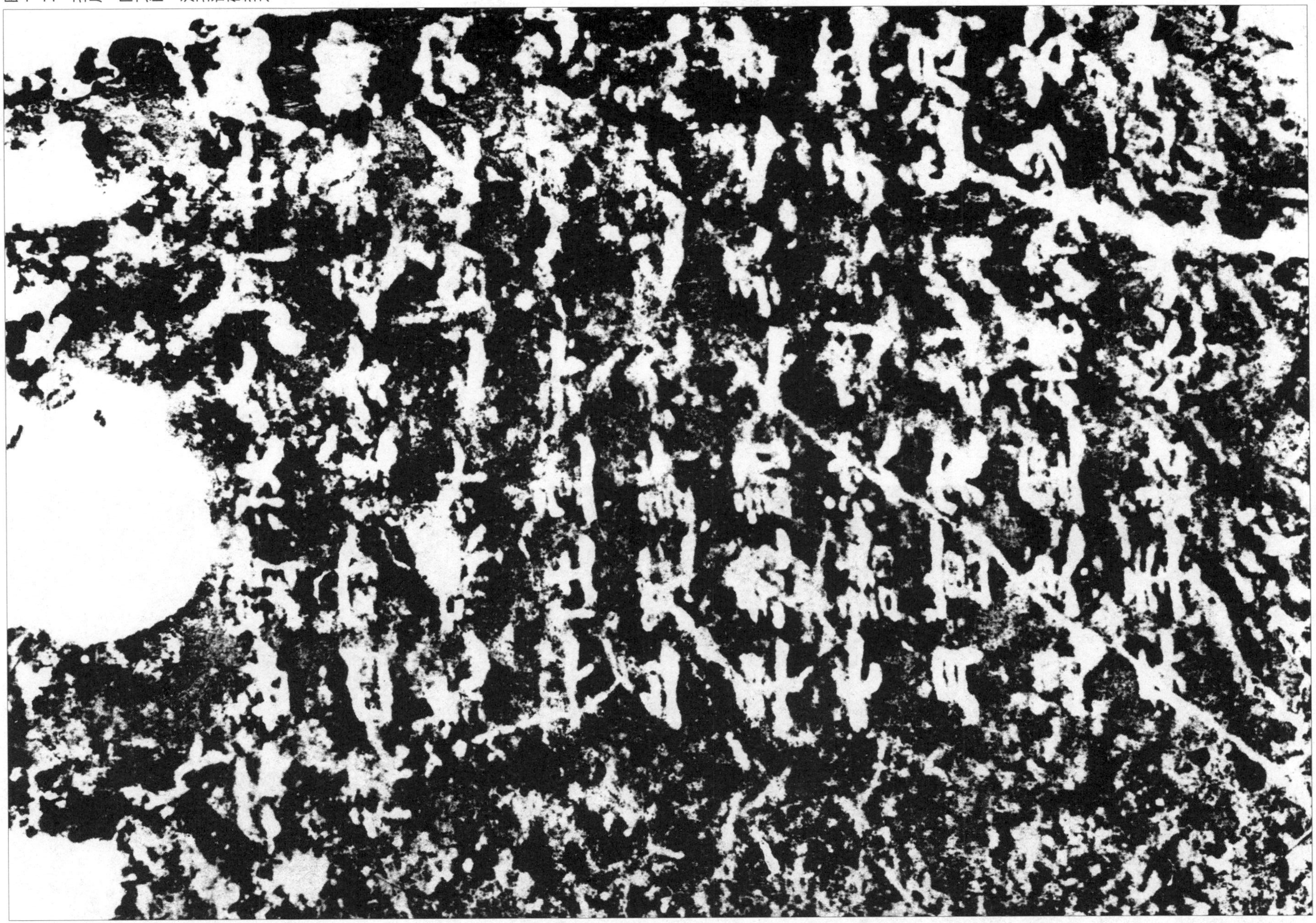

汉韩敕造孔庙礼器碑

此碑立于同文门内。据《金石萃编》记载，碑高七尺一寸，宽三尺二寸，共十六行，每行三十六字，并说此碑保存于今曲阜县孔庙内。碑文起首"惟永寿二年，青龙在涒叹，霜月之灵，皇极之日，鲁相河南京韩君"，末尾"韩明府，名敕字叔节"，碑阴题名达六十二人，两侧三十二人，左方八人。虽然能读懂字面，但不能理解全文意思。据欧阳修分析，"永寿"为桓帝的年号，按照《尔雅》的解释，太岁在申曰涒叹，桓帝永兴三年正月戊申大赦，改元永寿，永寿二年为丙申年，因而称为涒叹。"霜月之灵，皇极之日"究竟为何意，不得而知，或许是九月五号的意思。碑上说韩明府名"敕"，但是《集古录》里说，前世史传里没有见过以"敕"为名的记载。而据《金石后录》记载，"繁阳令杨君碑"碑阴有"故民程敕字伯岩"字样，明确显示汉时以"敕"为名的不止韩明府一人。《隶释》里记载，礼器碑无额，"其文杂用谶纬，不可尽通"。虽然诸家研究颇多，但仍旧不能解其意。

（图1-45、图1-46、图1-47）（常盘大定 文）

图1-45·孔庙·同文门·汉韩敕造孔庙礼器碑拓本

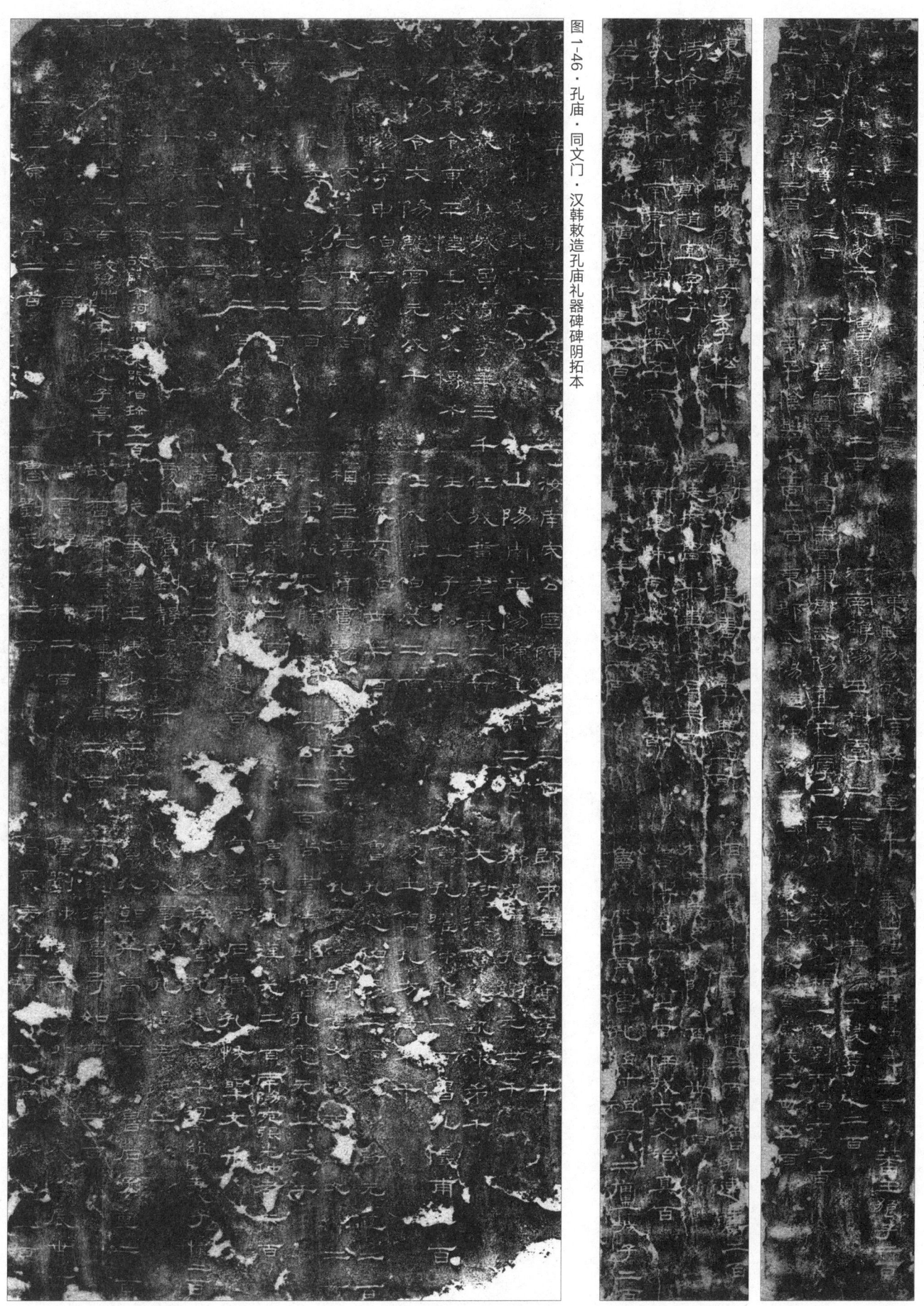

图 1-46·孔庙·同文门·汉韩敕造孔庙礼器碑碑阴拓本

图 1-47·孔庙·同文门·汉韩敕造孔庙礼器碑碑侧拓本

汉泰山都尉孔宙碑

此碑立于同文门内。据《山左金石志》记载，此碑原置于孔宙墓前，清乾隆年间被移置此处。碑头部呈半圆形，有晕缭绕，但晕左右不均，为偏向左方下垂的左垂晕。手法简朴，其下有穿，即圆孔。圆孔左右刻有额篆两行"有汉泰山都尉孔君之碑"，其下阴刻碑铭，八分隶书。碑阴刻有门生、故吏、弟子等数十人的名字。方趺，上为宽大的斜面。此碑立于汉延熹七年（164），宽三尺三寸五分五厘，厚六寸，高十尺一寸。（关野贞 文）

碑文起首"君讳宙，字季将，孔子十九世之孙也"，文中记载"年六十一，延熹六年正月乙未"，就是说孔宙卒于延熹六年，六十一岁。孔宙有七子，其中有孔融、孔谦、孔褒等。碑阴题名三行，共六十二人。即门生四十二人、门童一人、弟子十人、故吏八人，故民一人。《隶释》中记载说，孔宙开汉儒之门，广纳门徒，著录万人。其亲授业则曰弟子，以久次相传授则曰门生，未冠则曰门童，门生、门童也总称为门生。所治官府，属下称为故吏，在籍百姓称为故民，非官非民称为处士，反为政者之道而行者称为义士。与之相反，《金石存》则说此碑前列为门生门童，后列为弟子。如果亲授其业者为弟子，以久次相传者为门生的话，弟子反而不应排在门生门童的后面。又说《隶释》的这一记载虽是基于欧阳修的《集古录》，但也不可全信。汉碑中大多都有碑阴，但很少有碑额。独此碑刻有五大篆，实属罕见。（图1-48、图1-49、图1-50）（常盘大定 文）

图1-48·孔庙·同文门·汉泰山都尉孔宙碑碑阴拓本

图 1-49 · 孔庙 · 同文门 · 汉泰山都尉孔宙碑

图 1-50 · 孔庙 · 同文门 · 汉泰山都尉孔宙碑拓本

汉鲁相史晨祀孔子奏铭

此碑立于同文门内。据《金石萃编》记载碑高七尺,宽三尺四寸,十七行,每行三十六字,立于今曲阜孔庙内。流传至今的汉代隶墨中,乙瑛、韩敕、史晨等碑是保存最为完整的,而此碑更是仅缺两字。此碑开头刻有"建宁二年三月癸卯朔七日己酉,鲁相臣晨,长史臣谦,顿首死罪上尚书",可知立于汉灵帝建宁二年(169)。

碑中记载:"臣晨顿首顿首死罪死罪,臣以建宁元年到官,行秋飨,饮酒畔宫,毕,复礼孔子宅,拜谒神坐,仰瞻榱桷,俯视几筵,灵所冯依,肃肃犹存,而无公出酒脯之祠,臣即自以奉钱,修上案食醊具,臣辄依社稷出王家谷春秋行礼,以共烟祀。"仅距此十七年前的永兴元年孔龢碑上也说,吴雄上奏,春秋飨礼,财出王家钱,给犬酒直。史晨碑上的"顿首顿首死罪死罪",是因为不敢直接上奏皇帝,而通过尚书上达上去。(图1-51)(常盘大定 文)

汉史晨飨孔庙后碑

此碑刻于史晨碑碑阴,尺寸与碑阳相同,共十四行,每行三十六字,文后有武周正书题记四行。

据《隶释》记载,前碑载奏章,后碑则叙飨礼之盛况。文中说,相河南史君讳晨字伯时,汉建宁元年(168)四月十一日戊子到官,春秋复礼。因此此碑应为二年春天所立,后人称之为后碑。列名中刻有孔氏后裔孔畅、孔淮、孔瓒、孔纲、孔立元世、孔彪元上、孔褒文礼等。汉桓帝永兴元年(153)应鲁相乙瑛的请求,置守庙百石卒史,迄今已经十六年了,处士孔褒文礼为孔宙之子、孔融之兄。孔褒字文礼,孔融字文举。孔褒因藏匿张俭,与孔融争相赴死。立碑之时,孔宙已死去七年,孔褒尚年少,但名列尚书太守之后,可见其名已广为人知。

碑后面有武周追刻:"大周天授二年二月廿三日,金台观主马元贞、弟子杨景初、郭希元奉敕于东岳作功德,便谒孔夫子之庙,题石记之。"(图1-52)(常盘大定 文)

图1-51·孔庙·同文门·汉鲁相史晨祀孔子奏铭拓本

图 1-52 · 孔庙 · 同文门 · 汉史晨飨孔庙后碑拓本

汉博陵太守孔彪碑

此碑立于同文门内，圆首，左右均有晕，有穿，晕下与穿之间刻有两行篆额"汉故博陵太守孔府君碑"。穿下碑面如棋盘布有界格，上刻碑铭。碑阴刻故吏十三人名。方趺，上部斜面斜度大且略显不平。此碑立于汉建宁四年（171），宽三尺二寸七分，厚八寸八分，高九尺三寸四分。（关野贞 文）

碑文起首"君讳彪，字元上，孔子十九世之孙，颖川君之元子也"，中间写有"年卅九，建宁四年七月辛未"，碑阴第一行有故吏"司徒掾博陵安平崔烈字威考"等名字。孔彪是孔子十九世子孙，所以与孔宙应为兄弟关系。据《金石遗文录》记载，碑阴十三故吏中，只有崔烈的名字看得最清楚，又说刻有孔彪名字的汉碑共有两块，一块是韩敕碑的碑阴，上面说他是尚书侍郎；另一块就是史晨碑的碑阴，上面说他是河东太守。此碑为博陵故吏所立，因此引用博陵地名，称之为博陵太守。潜研堂的《金石文跋尾》里也说此碑为博陵故吏崔烈等所立，所以碑额写有"故博陵太守孔府君碑"字样，碑文也仅记述了太守治理博陵的事迹，还说下邳河东本来也有一块故吏立的石碑，但是已经失传。（图1-53、图1-54）（常盘大定 文）

图1-53·孔庙·同文门·汉博陵太守孔彪碑拓本

图 1-54 · 孔庙 · 同文门 · 汉博陵太守孔彪碑

汉豫州从事孔褒碑

此碑存于同文门内。清雍正三年（1725）乡民在县东周公庙边耕田时，偶然挖到此碑，于是立即上报庙官陈百户，才知是一块汉碑，随即运到同文门保存下来。孔褒为泰山都尉孔宙长子，碑文大部分已经剥蚀，且年代也无从考证。《金史萃编》所引《抱经堂文集》中说，石碑大概为汉中平元年（184）以后所立。碑为圆首，右垂晕，与孔宙碑的左垂晕相反。有穿，穿上部刻有两行十字八分隶书"汉故囗州从事孔君之碑"，方趺，上部斜面略不平。碑宽三尺三寸四分，厚七寸八分，高八尺九寸。（关野贞 文）

碑文起首"君讳褒，字文礼，孔子廿世之孙，泰山都尉之元子"。《金石存》中的《三国志崔瑗传》注解引《续汉书》的记载说，山阳张俭为中常侍侯览所害，遭通缉，张俭与孔融之兄孔褒为旧交，逃亡到孔褒处，但孔褒不在。孔融此时十六岁，张俭看他年少，没有把实情告诉他。而孔融看到张俭一脸困窘，就把他让进家门藏了起来。后来事情败露，孔融、孔褒都被抓了起来。孔融坚持说"将张俭藏起来的是我，应该抓我"。而孔褒说"张俭是来投奔我的，所以是我的错，应该抓我"。兄弟俩互相争罪，后来朝廷下诏，罪人为孔褒。文中的泰山都尉指的是孔宙。孔宙有七子，孔褒为长子，孔融为次子，第六子为孔谦，每人都有石碑。《授堂金石跋》里说，文礼虽年少但传播世学不慕官名。这一点在"史晨飨孔庙后碑"上有关处士孔褒文礼的记载也得到了很好的证明。（图1-55，图1-56）（常盘大定 文）

图1-55·孔庙·同文门·汉豫州从事孔褒碑拓本

图 1-56 · 孔庙 · 同文门 · 汉豫州从事孔褒碑

魏封宗圣侯孔羡碑

此碑保存在同文门内，为魏黄初元年（220）所刻。碑首呈尖三角状，上刻篆额"鲁孔子庙之碑"六字两行，下面有穿，穿下刻有碑文，八分隶书，方趺承托碑身。碑高三尺七分，宽八寸三分五厘，厚七寸七分二厘，共二十二行，每行四十字，完全沿袭了汉碑的风格。（关野贞 文）

碑文起首"维黄初元年，大魏受命"，后为"追存二代三恪之礼，秉绍宣尼褒成之后，以鲁县百户，命孔子二十一世孙议郎孔羡为宗圣侯，以奉孔子之祀"。碑末刻三行正书"魏陈思王曹植词梁鹄书，宋嘉祐七年张稚圭按图谨记"。《金石文字记》引胡三省的《通鉴注》说，汉平帝元始元年（1），封褒成君孔霸曾孙孔均为褒成侯，担当祭祀孔子之役。王莽败后，光武帝建武十三年（37）又封孔均之子孔志为褒成侯。孔志之子孔损又于和帝永元四年（92）被封为褒成侯。如此，褒成侯的封号世代相传，一直延续到献帝才中断。又说，魏文帝黄初二年（221）封孔子二十一代子孙孔羡为宗圣侯邑百户云云。

据碑文看，魏黄初二年（221）应改为魏黄初元年（220）。《石墨镌华》里说，梁鹄字孟皇，师从师宜官学习书法，其书法甚得汉灵帝、曹孟德喜爱，王逸也学习他的书法风格。又说梁武评论他的书法特点为"龙威虎震剑拔弩张"。此碑书法古朴健劲，但至今不能确定是否为梁鹄所书云云。碑末刻"张稚圭按图谨记"，大概是张稚圭对照"百石卒史碑"得出曹植撰、梁鹄书的结论的。（图1-57、图1-58）（常盘大定 文）

图1-57·孔庙·同文门·魏封宗圣侯孔羡碑拓本

图 1-58・孔庙・同文门・魏封宗圣侯孔羡碑

北魏鲁郡太守张猛龙碑

此碑保存于同文门内，立于北魏正光三年（522）。碑首呈扁圆状，左右各刻有两条龙蟠结在一起。技法浑朴，略显稚拙。螭龙围绕略微突出的巨大方形额上正书刻"魏鲁郡太守张府君清颂之碑"，共十二字三行四列，碑身下为方趺。碑宽三尺，厚七寸五分，高七尺五寸，二十六行，每行四十六字。（关野贞 文）

碑起首"口讳猛龙字神囧，南阳白水人也"，中间有"汉初赵景王张耳，浮尘秦汉之间……君其后也"，"以熙平之年，除鲁郡太守治民以礼，移风以乐"，最后为"正光三年正月廿三日讫"。碑阴为十二列列名，第一列七行刻于阴额，第二列二十行于额下，第三列十一行，第四列二十一行，第五列十四行，第六列二十一行，第七列二十一行，第八列十行，第九列两行，第十列三行，第十一列四行，第十二列二十二行，皆为正书。

《石墨镌华》里记载说，猛龙为鲁郡太守，郡民立碑歌颂之。正法虬健已开欧虞之门户，碑首正书大字尤为苍劲，结体端丽。关于张猛龙，史册没有记载，据碑文可知，讳猛龙字神囧。《金石录》中说到一块"刘乾碑"，说刘乾讳乾字天，并说魏国人的名字实在是与众不同等。《曝书亭集》里记载，张猛龙碑立于正光三年，因建立学校有功，得以立于孔林之中。并说猛龙为西平武公轨第八代孙。武公于凉州征胃子等五百人建立学校，并行春秋乡射之礼，猛龙恪守祖父教导，修圣人之学，于举世不为之时，讲习之声响彻乡里等。《金石萃编》里说，猛龙的字"神囧"在字典里查找不到，《石墨镌华》里虽然写有"囧"字，但却不知怎么念。仔细看一下善本，只有一个"凵"形而已，根本不成一字，难道是"囦"字的古字体"渊"？正文中有"渊"字，或许猛龙平日自称"神囦"，而碑刻也就沿用了这个字？（图1-59、图1-60、图1-61）（常盘大定 文）

图1-59·孔庙·同文门·北魏鲁郡太守张猛龙碑碑阴拓本

图 1-60·孔庙·同文门·北魏鲁郡太守张猛龙碑

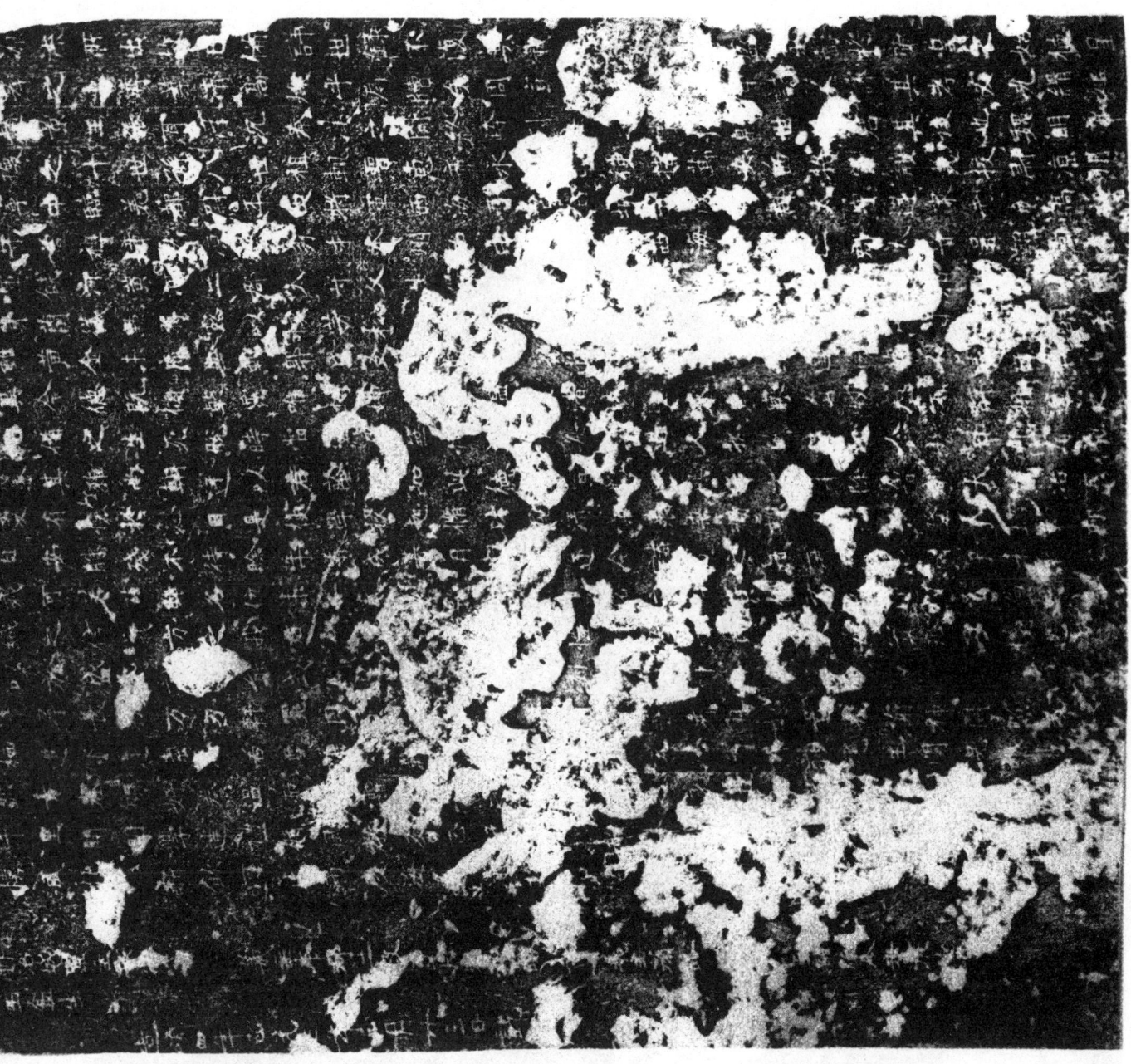

东魏李仲璇鲁孔子庙碑

此碑立于同文门内。东魏兴和三年（541）立。螭首左右两龙相背蟠结，中间刻有忍冬图案围绕方额，额题"鲁孔子庙之碑"。碑宽三尺六寸，高七尺四寸五分，二十五行，每行五十一字，正书。（关野贞 文）

碑文"我君公使持节都督兖州诸军事车骑大将军当州大都督兖州刺史君姓李字仲璇，赵国柏仁人也"，"入命工人修建容像孔子"，"所以雕素十子，侍于其侧"，最后为"兴和三年十二月十一日囗功"。碑阴刻有三十九行列名，前七行于额后，后三十二行刻于碑上半部，下半部无字，每行仅刻一人或两人，正书。由此碑可知，孔子像侧配十哲的做法始于李仲璇。东魏兴和三年（541）即梁武帝大同七年，正值战时，而战时仍心念圣庙，其功可赞。（图1-62、图1-63、图1-64）（常盘大定 文）

图1-62·孔庙·同文门·东魏李仲璇鲁孔子庙碑碑阴拓本

图 1-63・孔庙・同文门・东魏李仲璇鲁孔子庙碑

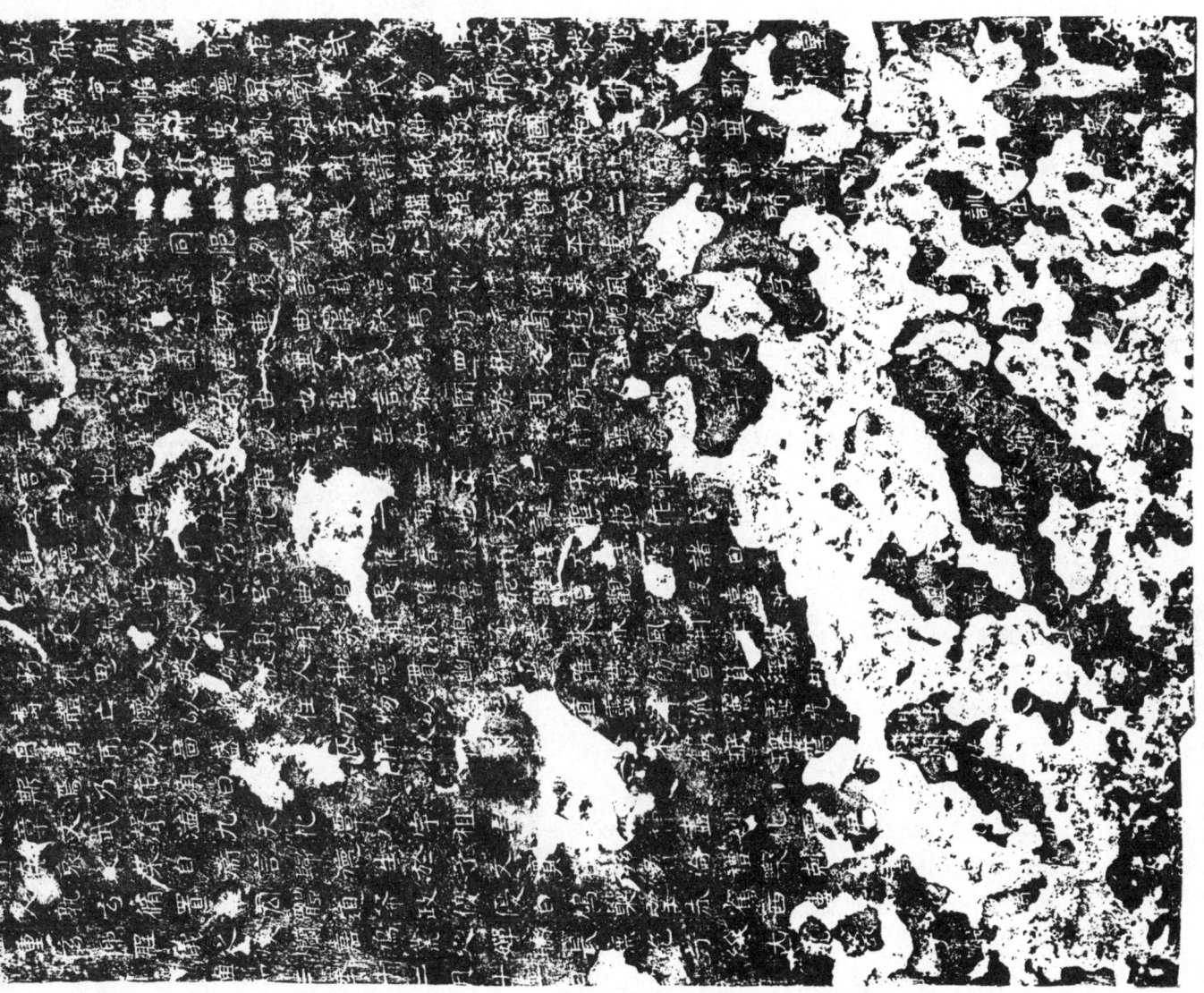

图 1-64 孔庙·同文门·东魏李仲璇修孔子庙碑拓本

北齐郑述祖夫子庙碑

此碑立于同文门内。文字剥蚀，无法辨认。由《山左金石志》里的旧拓本可知为郑述祖所立。据《金石萃编》第三十三卷记载，碑连额高六尺三寸五分，宽三尺七寸五分，十九行，每行二十四字，隶书。额题"夫子之碑"四个字，篆书。

文中可辨认之处有"国齐乾明元年岁""开封人""镇北将军秘书监""公道昭之第□子也"。《魏书·道昭传》中记载，父道昭荥阳开封人，历任平东将军、光州刺史，后任青州刺史，进而为秘书监，卒后获赠"镇北将军"称号。这一记载与碑文完全一致。道昭共有五子，即严祖、敬祖、述祖、尊祖、顺然，可见述祖为第三子。述祖擅长隶书，此碑书法与郑述祖书"天柱山铭"相同。为避父讳字，碑文为"公道昭之第□子也"，对此，《金石萃编》作者王昶认为此碑文大概为他人撰文，述祖行书，由"重登云峰山石刻"可知述祖字恭文。（图1-65）（常盘大定 文）

图1-65·孔庙·同文门·北齐郑述祖夫子庙碑拓本

隋陈叔毅修孔子庙碑

此碑于同文门内，隋大业七年（611）所立。碑首呈半圆形，即一般所说圆首，立于方趺之上。石碑无任何装饰，篆额"修孔子庙之碑"，与中界线同为阳刻，与其他石碑明显不同。陈叔毅为陈宣帝之子，任曲阜令时大修孔子庙，由仲孝俊撰文立此碑。碑宽三尺二寸三分，高七尺一寸，共二十一行，每行四十七字。（关野贞 文）

碑文中有"孔子三十二世孙前太子舍人吴君主薄嗣悊封绍圣侯"语，并有"能奉天旨敬先师，劝孔宗修灵庙，即曲阜陈明府其人也。明府名叔毅字子严，颍川许昌人"，又"明府即陈氏高祖武帝之孙，高宗孝宣帝之子"，最后"大隋大业七年辛未岁七月甲申朔二日乙酉，济州秀才前海南郡主薄仲孝俊作文，孔子卅一世孙孔长名，卅四世孙孔子叹□□□"。由此可见，陈明府名叔毅字子严，陈宣帝之子，任曲阜令，修孔子庙，仲孝俊作文，而立此碑。陈叔毅陈时还未封号，因此史册没有记载，其名只在四十二子名单中可以见到。陈时宗室凡在隋朝做官者都在本传中有记载，陈叔毅虽为曲阜令，但因无传，所以没有被记载。撰文者仲孝俊曾任晋州司法，其传在《北史·隋庶人谅传》中可以见到。

据《山左金石志》记载，关于孔子三十二世孙前太子舍人吴郡主薄嗣悊封绍圣侯，在《阙里文献·世系表》中说，嗣悊隋文帝时应制登科，授泾州司兵参军，后升迁太子通事，于隋炀帝大业四年（608）十月被封为绍圣侯。但此记载里并没有说他任吴郡主薄之事，因此此碑正是很好的补充。关于三十一代孙长名，在世系表里记载为三十一代孙名长孙，因此名、长孙大概是两个人吧。三十四代孙子叹在宗谱中为嗣悊之子德伦所生二子之次子，长子崇基袭封为褒圣侯云云。（图1-66、图1-67）（常盘大定 文）

图1-66·孔庙·同文门·隋陈叔毅修孔子庙碑

图1-67 孔庙·向文·[[文]]·隋陈叔毅修孔子庙碑拓本

唐文宣王庙门记碑

此碑立于同文门内,碑文共二十行,每行三十五字,隶书。下面两字被跌石遮住,不易拓取。"朝散大夫捡校祠部员外郎兼侍御史裴孝智撰,前义王府仓曹参军裴平下丹并",篆额"文宣王庙门记",六字两行。碑文中有"裴公新其南门书时也公名有象"字样,最后为"时大历八季十二月一日也"。碑侧有三行隶书题名,碑阴有两段题名,一段在额上,另一段在碑上部,都为正书。《山左金石志》里说,《唐书·宰相世系》中可以找到关于撰文者裴孝智的记载,并说裴平书碑,一般称书为"下丹",也是题碑的一种。《金石萃编》作者王昶说,篆额上的字长两寸,宽一寸,这么小的字,实属罕见。题字置于上锐处,锐处悬有一珠,左右二龙环绕之。汉碑上龙的画法皆类似马,呈四足奔驰状。又说此碑与后世的蟠龙相同,二龙捧珠的图案大概此碑是第一块,而碑阴的题名对此碑也没有详细的说明云云。(图1-68)(常盘大定 文)

图1-68·孔庙·同文门·唐文宣王庙门记碑拓本

唐新修文宣王庙记碑

此碑立于同文门内,摄郓曹濮等州铺驿巡官乡贡进士贾防撰文,唐咸通十一年(870)三月十日立。《金史萃编》里说,碑连额高五尺九寸五分,宽三尺七分,二十六行,每行四十四字。额题"新修庙记"四字,正书。文首"皇帝御寓之十年,岁在己丑,夫子三十九代孙鲁国公节镇汶阳之三载",三十九代孙鲁国公指郓州观察使孔温裕。贾防的文章只占了碑面的一半,最后为"深愧菲才,谨记",然后隔开一字,后面是孔温裕"请修兖州曲阜县文宣王庙"奏文,后面再隔一字,刻有"郓曹濮观察使,咸通十年九月二十八日牒"等字样。奏文中说"今差人赍持料钱,就兖州。据庙宇倾毁处,悉令修葺,皆自支费,不扰州县",牒文中说"尽出私财,不烦公用,绰有余裕,益见器能,已赐诏嘉奖"。可见温裕是自费修庙。

碑侧刻有题名"咸通十年九月十四日郓州勾当重修庙院同散将毕叔建",下有题名"四十六代孙宗亮(旧名陶)宗翰,俱策进士第,尝奠谒祖圣,谨志其时,皇祐五年六月日宗翰题"。不知为什么阳面为咸通十一年建,侧面为咸通十年建。咸通十年九月二十八日的牒文中说九月十四日毕叔建,大概庙院重修后才刻牒,而由毕叔着手做的吧。(图1-69)(常盘大定 文)

图 1-69·孔庙·同文门·唐新修宣王庙记碑拓本

圣时门

圣时门为孔庙中第一大门，位于壁（译者注：原文为"碧"）水桥前。正面五间，砖砌石墙，左右为圆形穿拱，上部密布木制斗拱，为碧瓦歇山顶。明弘治十七年（1504）由原来的三间扩修为五间。斗拱为元明风格，门前石阶雕刻，大概为明初以前所刻。(图1-70、图1-71)

（关野贞 文）

图1-70·孔庙·圣时门

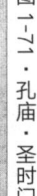

图 1-71 · 孔庙 · 圣时门

棂星门

棂星门位于金声玉振坊北部,与其一河之隔,河无水,架有单拱石桥。门为平面三间,由四支圆柱支撑,柱脚石抱鼓,并斜置石柱支撑圆柱,中央上方匾额刻有"棂星门"字样。清乾隆十九年(1754)匾额由木制改为石制。(图1-72)(关野贞 文)

图 1-72 · 孔庙 · 棂星门及石桥

金声玉振坊

明嘉靖十七年（1538）冬，由巡抚胡缵宗所建。该坊为三间石坊，八棱石柱，前后置石抱鼓，立于石台之上。匾额题"金声玉振"四字。石柱顶部饰有莲花宝座，刻有蹲狮。(1-73)（关野贞 文）

图 1-73・孔庙・金声玉振坊

故宅井及鲁壁

诗礼堂位于大成门东的承圣门内，据说后面就是孔子的故宅。现在那里有一座井被称为"故宅井"（图1-74）和一座被称为"鲁壁"（图1-75）的故宅遗迹。所谓鲁壁指的是当年秦始皇焚书坑儒时，孔子第九代子孙孔鲋将《尚书》《论语》《孝经》等藏于墙壁之中，免去了被烧之灾。到了汉代，鲁恭王毁掉臣祖的故宅，想要扩建王宫，却从墙壁中传来金石丝竹之声，于是打开墙壁，发现了竹简古文。因此后世称之为"金丝堂"。金丝堂位于大成门西启圣门内。相传它本来在鲁壁，又有人说阙里坊才是孔子故宅。（常盘大定 文）

图1-75·孔庙·鲁壁

图 1-74 · 孔庙 · 故宅井

杏坛

位于孔庙内廓中心部,据传为孔子讲学故址。汉明帝曾到此地,命皇太子、诸王上堂讲经,后世在此建立了殿堂。据《阙里文献考》记载,这里在宋代以前曾为庙宇,宋天禧年间,孔子四十五代孙孔道辅监修祖庙时,将庙北移,但并没有毁掉旧址,因为孔子曾对庄子说,游玩于缁帷林间,累了,便坐于杏坛之上稍事休息,所以道辅在这里建坛,周围植杏树,名曰"杏坛"。(图1-76)(常盘大定 文)

图 1-76 · 孔庙 · 杏坛

孔子手植桧

　　此树位于杏坛东南隅，有"再生桧"之名。唐《封氏闻见记》中说，庙内有孔子手植树，但说是柏树。据说这棵桧树于汉永嘉三年枯死，但到了隋恭帝义宁元年（617）又复活了；唐高宗乾封二年（667）再次枯死，宋仁宗康定元年（1040）复活；金宣宗贞祐二年（1214）又逢战火，枝叶无存；元世祖至元三十年（1293），故根发芽；明孝宗弘治十三年（1500）遭火灾；清雍正十年（1732）又生枝芽，直到今天。但从清圣祖曾行幸此地，并与当时的衍圣公孔毓圻谈论此树可知，桧树复活应在清初。从米芾碑可知，宋代确有其事，但现在庙内之树为日本的圆柏，树体不大，大概为清代所栽吧。(图1-77)（常盘大定 文）

图1-77・孔庙・手植桧

节孝坊

从圣庙外廓的快睹门向东去,再向北走约一百米处,即为节孝坊。该坊为一石造牌坊,为此类牌坊之代表。节孝坊为一陶姓妇人的牌坊,题"节并松筠",为康熙帝御笔。陶氏为大兴处士承德之人,竭尽鞠育之责,享年八十岁。
(图1-78)(常盘大定 文)

图 1-78·孔庙·节孝坊

孔林

从曲阜城北门出去，过北关，有一座牌坊，再往北走，即可到达孔林。孔林两侧为高大的扁柏和松柏，实为壮观。走约三百步，过文津桥，继续北进约二百二十余步，即可见左右各一座歇山顶方形重阁牌坊，里面都放有明万历碑。牌坊背后与民家的道路相连。大概是孔子殁后，仰慕其德行的人聚居于此，而形成村落的吧。

孔林第一门为三间二面一户的至圣林门，门前有牌坊题"至圣林坊"。(图1-79) 往前走可到达观楼门，道路两侧为高耸的树木，蔚为壮观。观楼为孔林围墙之门，墙内称为孔林，为孔家历代坟墓群。观楼门内分两条路，朝北的一条称为"辇路"，朝西北一条为一般的道路。顺这条路走一百几十步，可到有名的洙水，上架石砌洙水桥，桥前为四脚牌坊，题为"洙水坊"，过桥北进，可见一座三间两面一户的墓门，称为"享殿门"，门右方为一走廊，曰"思堂"。享殿门与享殿之间左右建有垣墙，前面一排整齐的树木，由南依次排有华表、石虎(图1-80)、石麟(图1-81)、翁仲(图1-82)等，各一对。翁仲为石像，右边石人手执笏，左边石人手执剑，即为文武官人之像。据说这些石像为东汉永寿元年（155）鲁相韩敕所造。从康熙帝与孔毓圻的问答可知，石虎、石麟分别为角端、文豹。

享殿广五间，单层，立于石坛之上，坛上放有石炉。(图1-83) 享殿共有三段石阶，三个门，左右两边开有窗户，背后中央亦有一门，门前设有石阶。享殿与日本的拜殿相似。(图1-84)

享殿左右建有围墙，形成一曲折回廊，环绕着墓地群。享殿右后方为子贡手植楷，旁边为一楷亭，内立"乾隆帝御制子贡手植楷诗"碑。与《阙里志》里记载的高四丈四尺、周围一丈的那棵楷树相比，现存的楷树完全不同，仅有三四尺高，可见并不是当初的那棵。

享殿背后为一条南北向平坦大道，走百余步左拐，就来到了孔子墓前。左边坛上为沂国述圣公，即孔子之孙子思之墓；再往前走为泗水侯，即孔子之子孔鲤字伯鱼之墓；其左方即西边为大成至圣文宣王，即孔子墓。皆为简单的圆丘，丘上长有茂密的槐树、柏树。

孔子墓为圆坟，高约五十尺，东边与其子伯鱼之墓相邻。孔子墓前立有石碑，额题"大成至圣文宣王"，其前有一石桌，上有蜡台一对，台前安放香炉一座。(图1-85)

孔林为孔氏世代坟墓群。孔庙同文门内的孔翊、孔宙、孔彪碑原来都是放在孔林的。

以上内容皆根据明治四十年（1907）实地调查此地的塚本靖博士报告所记。(常盘大定 文)

图1-79・孔林实测图

图1-80·孔林·石虎

图 1-81 · 孔林 · 石麟

图1-82・孔林・翁仲
晚清民国时期中国名胜古迹图集・第拾壹卷・山东曲阜

图1-84·孔林·享殿前景

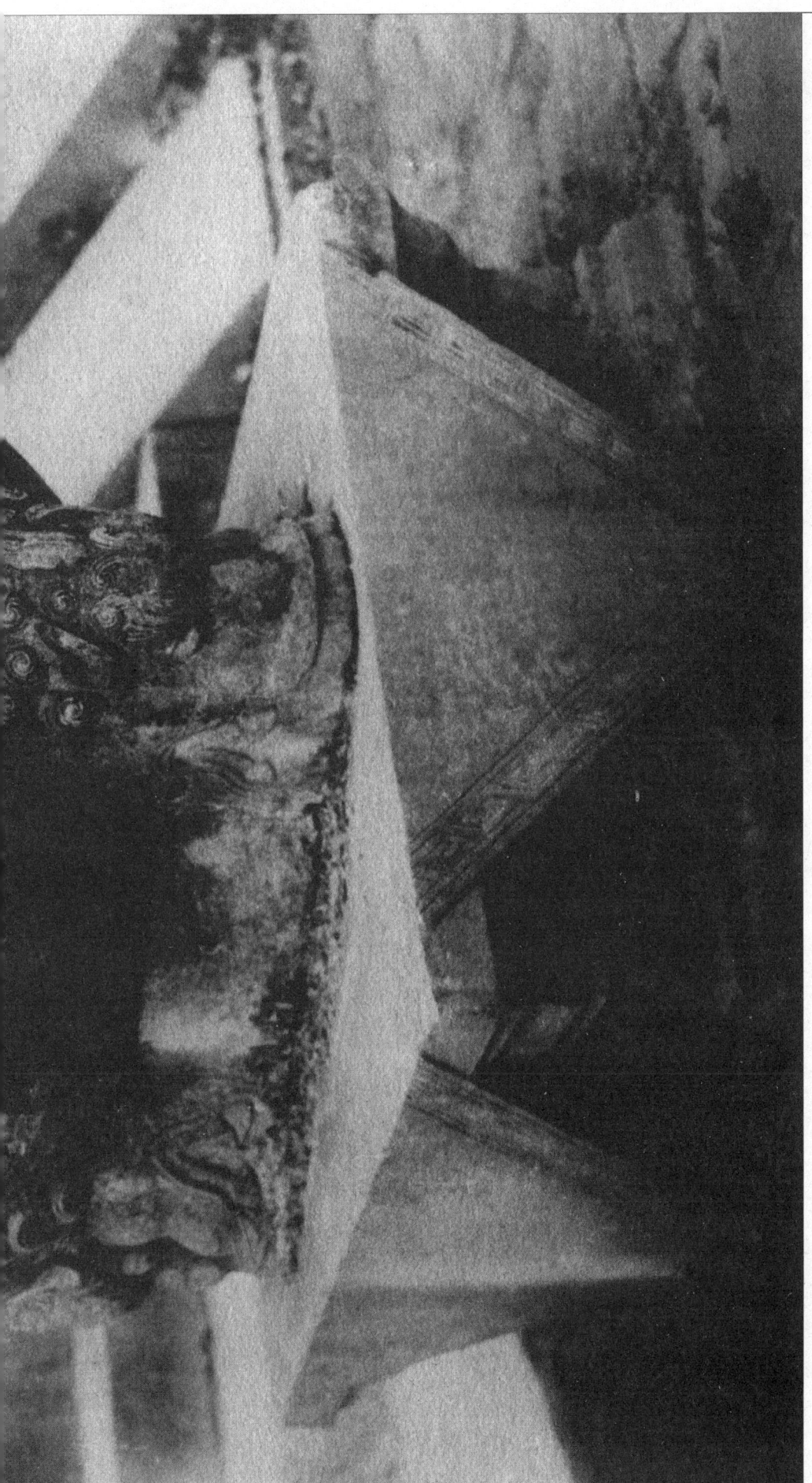

图1-83·孔林·享殿·石炉

图1-85・孔林・孔子墓

颜庙

复圣庙即颜庙，位于孔庙的东北方、曲阜县城北门内东侧，面南。在这里先看一下复圣庙的变迁：复圣庙始创于唐玄宗时期，唐玄宗于开元二十七年（739）八月赠颜子兖国公称号，并于兖州建立了颜庙。宋太祖建隆三年（962）以太牢之礼祭祀颜子。宋徽宗崇宁四年（1105）下诏为兖国公加冕九旒服。元文宗天历二年（1329）于曲阜建颜庙。元至顺元年（1330）又加封颜子为兖国复圣公，封曾子为郕国宗圣公，子思之子为沂国述圣公，孟子为邹国亚圣公。至顺三年（1332）又封颜子之父为杞国公，母齐姜氏为杞国夫人，颜子之妻戴氏为兖国夫人，谥号贞素。明成祖永乐七年（1409）又御制碑文立于颜庙前。

这里只列举了几件大事，其他事略去不记。在现在的位置上建庙是在元成宗元贞年间，到了明成化、正德年间又奉敕加以重修，并扩大了规模。据说此庙位置原为颜子陋巷故址，又有一说，滋阳县前路南狭窄小巷才是颜子"一箪食一瓢饮"处。

再看庙的现状，庙南中央为复圣庙坊，东西各有牌坊，匾额"卓冠贤科""优入圣域"。复圣庙坊前道路相隔处有照墙，"优入圣域"牌坊的稍北处道路对面有一门，上题"陋巷"。复圣坊内的复圣门面阔三间二面一户。此门左右为墙，环绕庙域四周，门内有一条东西向大道，尽头东边为"博文门"，西边为"约礼门"。复圣门内有"归仁门"，东西分别有"克己门""复礼门"。三座门都为三间二面一户的单层门，三门以墙相连。归仁门前西边有一亭，名为"颜井亭"，亭内有一口井为"陋巷井"（图1-86），据说此井为颜渊宅井。南有一碣，上题"陋巷故址"，立于明万历六年（1578）二月，道路对面立有"清康熙二十年重修碑"。归仁门内为"仰圣门"，面阔五间三户，左右有掖门，掖门东西为"见进门"及"杞国公祠门"。仰圣门通往正殿，见进门通往颜氏家庙，杞国公祠门通往杞国公祠。仰圣门前东西各立有碑亭东碑亭内立明正统六年（1441）十一月四日御制"大明敕赐兖国复圣公新庙碑"，其后为元皇帝"圣旨碑"；西碑亭内立明正德四年（1509）四月吉日御制"颜子庙碑"，其后为明洪武、景泰碑。与见进门东西外垣相连处为"斋宿坊"。

仰圣门内的道路呈十字，交集处为"乐亭"（图1-87），其左右两庑内各七间，北面为正殿。乐亭为宋代胶西太守孔宗翰所建，上有司马光铭、苏轼记、程颢诗。东西两庑祭祀着颜氏的子孙，其中有名的有三十五代北齐颜之推、三十七代唐颜师古、四十代颜杲卿及其弟颜真卿等。正殿后面为寝殿，供有复圣夫人的神位。颜氏家庙前有一座庙宇叫"退省堂"，杞国公祠后方为杞国夫人殿。庙内除上述诸碑外，还有以下金元明清各代石碑，现摘录较重要的石碑如下表。

石碑名	立碑时间
重修兖国公庙	金明昌五年（1194）三月
皇帝圣旨碑	元大德十一年（1307）
大元加封兖国复圣公制词碑（上层刻有八思巴蒙古文，下为汉文铭）（图1-88）	元至顺二年（1331）
元加封颜子父母制词（上部蒙古文，下部汉文）（图1-89）	元元统二年（1334）五月（图36-2）
修兖国复圣公庙碑	元元统二年（1334）
曲阜县复圣石题铭	元至正五年（1345）
大元敕赐先师兖国复圣公新庙碑铭	元至正九年（1349）十一月
重修新庙碑	明正统六年（1441）
御制重修颜子庙记	明正德四年（1509）四月
大明重修颜庙落成记	明正德四年（1509）七月
重修复圣颜子庙碑	明万历六年（1578）九月
陋巷故址碑	明万历六年（1578）
重修复圣庙碑	清康熙二十年（1681） 清康熙二十四年（1685） 清康熙四十九年（1710） 清嘉庆十七年（1812）

以上据日本明治四十年（1907）塚本靖博士过曲阜时调查所记。（常盘大定 文）

图 1-86 · 颜庙 · 陋巷井

图 1-87·颜庙·乐亭

图1-89·颜庙·元加封颜子父母制词碑拓本

图1-88·颜庙·大元加封兖国复圣公制词碑拓本

复圣殿

颜庙位于孔庙东北处,规模比孔庙小。民国十九年(1930)的战乱使庙宇遭到严重破坏,其中只有复圣殿于民国二十二年(1933)得到了重修。复圣殿为颜庙的正殿,广五间,深三间,有庑。殿内安放有复圣颜子的神位及塑像,并挂有康熙御题"粹然体圣"、雍正御题"德冠四科"等匾额。建筑年代大概为明英宗正统六年(1441)或明武宗正德四年(1509)。(图1-90)(关野贞文)

图1-90·颜庙·复圣殿

大元敕赐先师兖国复圣公新庙碑

此碑立于颜庙内，元至元九年（译者注：原文为"元至元九年"）（1272）十一月二十五日立。高约二十尺，上刻螭首，下为龟趺，形式普通，但碑过高，整体权衡不太好。螭首两龙相蟠于圭额左右，其中一龙紧抓额顶，样子奇特，因雕刻手法过于写实，略显纤弱，龟趺反而呈雄豪之气。（图片1-91）（关野贞 文）

大元加封兖国复圣公制词碑

此碑立于颜庙内，元至顺二年（1331）立。额篆"大元加封兖国复圣公制词碑"，十二字三行。碑身上部蒙古文，下部汉文，周缘刻有宝相花纹，立于雄伟的龟趺之上。螭首呈圭额，左右两龙蟠结相对。此碑在模仿唐宋风格的同时又力图改变，但效果并不好，圭额过小，龙也缺少雄豪之象。碑高三尺六寸六分，厚一尺三寸，高约十五尺。（图1-92、图1-93）（关野贞 文）

图1-92·颜庙·大元加封兖国复圣公制词碑首

图1-93·颜庙·元勒赐复圣公新庙碑趺

图 1-91 · 颜庙 · 大元敕赐先师兖国复圣公新庙碑

周公庙

周公庙位于颜庙东一里处，大概来此参观的人很少，所以里面不见有人住。此庙规模很小，几乎无法与颜庙相比（图1-94)，庙内的周公像倒是值得一看。（图1-95）曲阜为周成王封周公处，因而有周公庙。清宣统三年（1911）重编的《山东通志》第三十八卷《曲阜县》项下只记载有"周公庙在城东北"，除此之外，无其他记载。曲阜因孔庙与颜庙而有名，而周公庙却完全被人遗忘了，令人遗憾。（常盘大定 文）

图1-94·周公庙·前景

图 1-95 · 周公庙 · 周公像

夔相圃 ｜ 石人

孔庙西道路对面的夔相圃内有两座石人，一立一仆。立者出地面处高七尺，肩宽二尺六寸，两手执殳，前部腰以下阴刻篆书"府门之卒"四字（图1-96）；仆者脚部有斜形折损，高六尺五寸，拱手，后带钏，腰间前面阳刻二行篆书"汉故乐安太守麃君亭长"八字。（图1-97）

关于石人的来由，《山左金石志》有详细记载如下：

鲁王墓二石人题字

无年月。篆书。旧有"曲阜县城外，今移城内夔相圃"。

府门之卒

汉故乐安太守麃君亭长

右二石人，一人介而执殳，高六尺八寸，腰围七尺余。腹间刻篆书一行，曰"府门之卒"，字径五寸。一人冕而拱手立，颔下有痕如滴泪，高七尺一寸，腰围五尺四寸，胸前刻篆书二行，曰"汉故乐安太平麃君亭长"，字径四寸余。乡在县东南张屈庄鲁恭王墓前，年久倾侧，其一已断，敲火砺角，不护将毁。元（著者山东学政阮元）于甲寅春，饬教授颜（崇㮚）、县尉冯（策）以牛车接轴，徙置今所。洗拓其文，于门下见卒字，亭下见长字，皆（牛空山）金石图未备者，案水经注载汉郦食其庙亦有石人，胸前铭云"门亭长"，此称"亭长门卒"，殆同义欤。

从上面的记述来看，清乾隆五十九年（1794）阮元于东南张屈庄鲁恭王墓将石人移置至此。鲁恭王为前汉景帝之子，名余，汉景帝二年（前155）立为濮阳王，二年后迁至鲁国，曲阜为首都。在位二十八年，殁于汉武帝元朔元年（前128）。现在石人所立之处的墓地究竟是不是鲁恭王的，经过了两千年的岁月，今天已经很难判断，但值得怀疑，更何况"汉故乐安太守"铭里已经很明显地看出此石人为东汉所做呢。

乐安国即西汉千乘国，东汉和帝于永元七年（95）更名为乐安国。很明显，石人为东汉和帝之后所做，《山左金石志》里"鲁恭王墓前所立之人"的说法是不可靠的。

两个石人雕刻手法朴实，虽非精品，但据此可了解当时的雕刻手法，还可了解当时有墓前立此类石人的习惯，同时可以研究当时的书法风格。

《水经注》里也说汉人喜好墓前立石人。经过两千年的风吹雨打，许多石人都已经无影无踪，仅有这两座被保存下来，因此这两座石人作为研究材料就成了无价之宝。（关野贞文）

图1-97·夔相圃·石人仆者

图1-96·瞿相圉·石人立者

山东泰安
TAI'AN CITY OF SHANDONG PROVINCE

QUFU CITY OF SHANDONG PROVINCE

TAI'AN CITY OF SHANDONG PROVINCE

ZOUXIAN COUNTY OF SHANDONG PROVINCE
SISHUI COUNTY OF SHANDONG PROVINCE
YANZHOU CITY OF SHANDONG PROVINCE
JINING CITY OF SHANDONG PROVINCE

CHANGQING COUNTY OF
SHANDONG PROVINCE
JINAN CITY OF SHANDONG PROVINCE
FEICHENG CITY OF SHANDONG PROVINCE
JIAXIANG COUNTY OF SHANDONG PROVINCE

山东曲阜
山东泰安
山东邹县　山东泗水
山东兖州　山东济宁
山东长清　山东济南
山东肥城　山东嘉祥

蒿里山

蒿里山位于泰安城外南三里处。又称亭禅山。山上之塔为瓦砌六角形二层塔，下层仅容一人。蒿里山虽称为山，但仅为一高地而已。《古今图书集成》里说"蒿里，本古禅地之处"。《史记》《汉书》里也记载说老子亲临高里讲禅，即"封于泰山，禅于高里"，因而秦汉时期蒿里山被视为神圣之地。

但传说泰山神为掌管生死之神，所以蒿里又有冥府之意。颜师古称蒿里为"死人之里"，其由不言自明。不知从何时起，蒿里神即成了冥界之神，自然也就成了阎魔之祠。其主殿为森罗殿，左右后三面壁上绘有"地狱变相图"，殿内还置有主尊"督理幽冥森罗大帝赦罪天尊（阎罗王）"，左右为四相，文武官人样两神像为胁侍像。环绕主殿的四廊上有七十二司，称为：1. 三曹司；2. 举意司；3. 速报司；4. 刑戮司。除主殿外，另有阎维殿、地藏殿、相公庙、三圣堂、酆都殿等。《古今图书集成》"神异典"中有以下记载："庙在泰山下，弘治十四年建。其神酆都大帝，有七十五司，以为收捕追逮出入死生之所。"

酆都指冥府。颜师古曾感慨说："自晋陆机《泰山吟》，始以梁父，蒿里并列，而后之言鬼者因之，遂令古昔帝王降禅之坛，一变而为阎王鬼伯之祠矣。"但看一下汉吴时期译注的佛典里的泰山地狱说，即可知泰山冥府的说法年代上应该更早。

祠内古碑遗物中，第一为后晋天福九年（944）建八角形大经幢，置于冥福寺。第二为森罗殿左方高处社首坛前的两块石碑：一块为宋元丰三年（1080）立"东岳蒿里山相公庙新刱长脚竿记碑"；另一块为王钦若奉敕撰"大宋禅社首坛之颂碑"。第三为森罗殿前庭元至元二十一年（1284）徐世陆撰"重修东岳蒿里山神祠记"。另外还有一对大古碑，大概为宋代之物，但碑大字细，碑首缺损，很难确定。除此之外，还有一些石碑，多为明成化二年（1466）、万历十九年（1591），清乾隆五十九年（1794）、道光二十九年（1849）、光绪二十四年（1898）等立。（常盘大定 文）

东岳蒿里山相公庙新建长脚竿记碑

此碑为北宋元丰三年（1080）三月徐州沛县留城镇都纥首张平立。关于此碑《金石萃编》中没有记载，因此只能直接从碑文中做些了解。文分两截，上截为碑文，下写"醮会社建之记"，皆为正书。冠首方形框中为大篆书"新建长脚竿记"六字三行。碑文"兖之奉高，北有岱山焉。乃天下之巨镇也，尊之曰东岳神，即天齐仁圣帝也。自秦汉而下，沿巨唐，逮我本朝，封禅之礼备焉，庙貌威崇，殿宇显敞，一如上方制度，俾至者加其恭肃。噫，聪明正直，神之德也；福善祸淫，神之职也；幽而罔测，显而有灵。则四方之民咸归仰之。在帝庙之西，有蒿里山之祠，即圣帝辅相之神也。其庙貌，本汉封爵也"。"今有古沛张平者，即长河之舟贾也，乃集社聚缗，岁赛于祠下，睹其神像，虔起愿心，立长竿于庙庭。由是选梓木以为之材，砻翠琰以为之硤，耸而上直，表著其坛。功毕告成，故书其始，刻之于石，以永其传"云云。

下截刻"诸州军舡客朝拜东岳永安香纸经文醮会社建之记，元丰庚申季春立"，文末刻"右平等共题名，同祠神建立竿，悬幡之后，普愿幽冥一切苦恼众生，咸得免离，及诸人□□□□□□保康泰"。最后一行刻"朝拜，东岳永安香纸经文醮会前社头今长竿都会首张平妻"云云。碑文被磨损得厉害，难以阅读。冠首、上截、下截分界处饰有唐草图案，冠首左右空处为牡丹图案，周缘为厥花图案。（图2-1）（常盘大定 文）

图2-1·蒿里山·新建长脚竿记碑拓本

冥福寺经幢

冥福寺位于泰安府管辖区西北处。《泰山道里记》里说，泰安府城岱庙东南为东岳冥福禅院，建于唐开元年代，后唐释智顺、后晋释志隐曾相继扩建之。伪齐时，释海大修，并改名为"崇法禅院"。《泰山志》里说，元时又大修。清乾隆五十七年（1792）徐大榕重修，并改名"资福寺"，现今称为"冥福寺"。
（常盘大定 文）

佛殿前有两对石幢。后列左方石幢为后晋之物，最大最优美，高约二十尺，与蒿里山石幢几乎形式相同，手法高超。其坛上下宽中间窄，扁平莲花座承托石柱，石柱由四块石头组成，上刻经文。中部台石上饰有颇为富丽的垂帐狮头、流苏等，上部莲座八面刻立佛像，此部柱身短小，各隅刻狮，最上部为镶有宝珠的宝盖。经幢权衡整匀，充满秀丽之气，可以说为五代经幢之杰作。（图2-2、图2-3）

前列左方石幢亦由基石、柱身、力士刻石及宝盖等几部组成，但形状却不完整。基石大概是后人误把它与力士刻石的位置倒放了。石幢设计、手工颇为精湛，柱身为八角形，由二块巨石组成，各面刻经文。上部力士刻石的各隅刻雄健的力士像，也许原来上面还有短小八角柱，现已荡然无存。盖石手法苍劲，置于力士像石之上。整个石幢高约十尺，大概为后晋作品。（图2-4、图2-5）

前列右方石幢高约十一尺，基石似为后人补做，周围饰有波纹。柱身为八角形，周围刻有佛顶尊胜陀罗尼。其上更有短小八角柱，八面刻浮雕佛像，其上置莲座石，莲座与八面浮雕佛像石、四天王像石相罗，顶部置八角宝盖。佛像石和四天王像石似自外地运至此地，雕刻朴素。总之，石幢形态不甚完整，处处显示出补修过的痕迹，其主要部分大概为后晋所做。

后方右列石幢由基石、柱身及盖三部分组成，高约十尺，基石刻莲花，四隅刻小狮子，八角盖石椽内刻有飞天。柱身由二石组成，各面刻有陀罗尼文。（图2-6）（关野贞 文）

图2-2·蒿里山·冥福寺经幢

图 2-3 · 蒿里山 · 冥福寺经幢（近景）

图 2-4·蒿里山·冥福寺经幢

图 2-5・蒿里山冥福寺经幢细节

图 2-6・蒿里山・冥福寺经幢

蒿里山经幢

泰安蒿里山上有一块后晋天福九年（944）所建经幢。八角形基石之上刻有优美的莲花座，八角形幢柱立于其上。莲花座腰部格间阳刻有伽陵频伽，幢柱上部冠有宝盖，其上更有莲花座、八角柱、盖石层层相联，八角柱各面刻有立佛像。石幢高约二十尺，形状、手法都值得一看，是五代时期此类经幢的大作，也是佳作。（图2-7、图2-8）（关野贞 文）

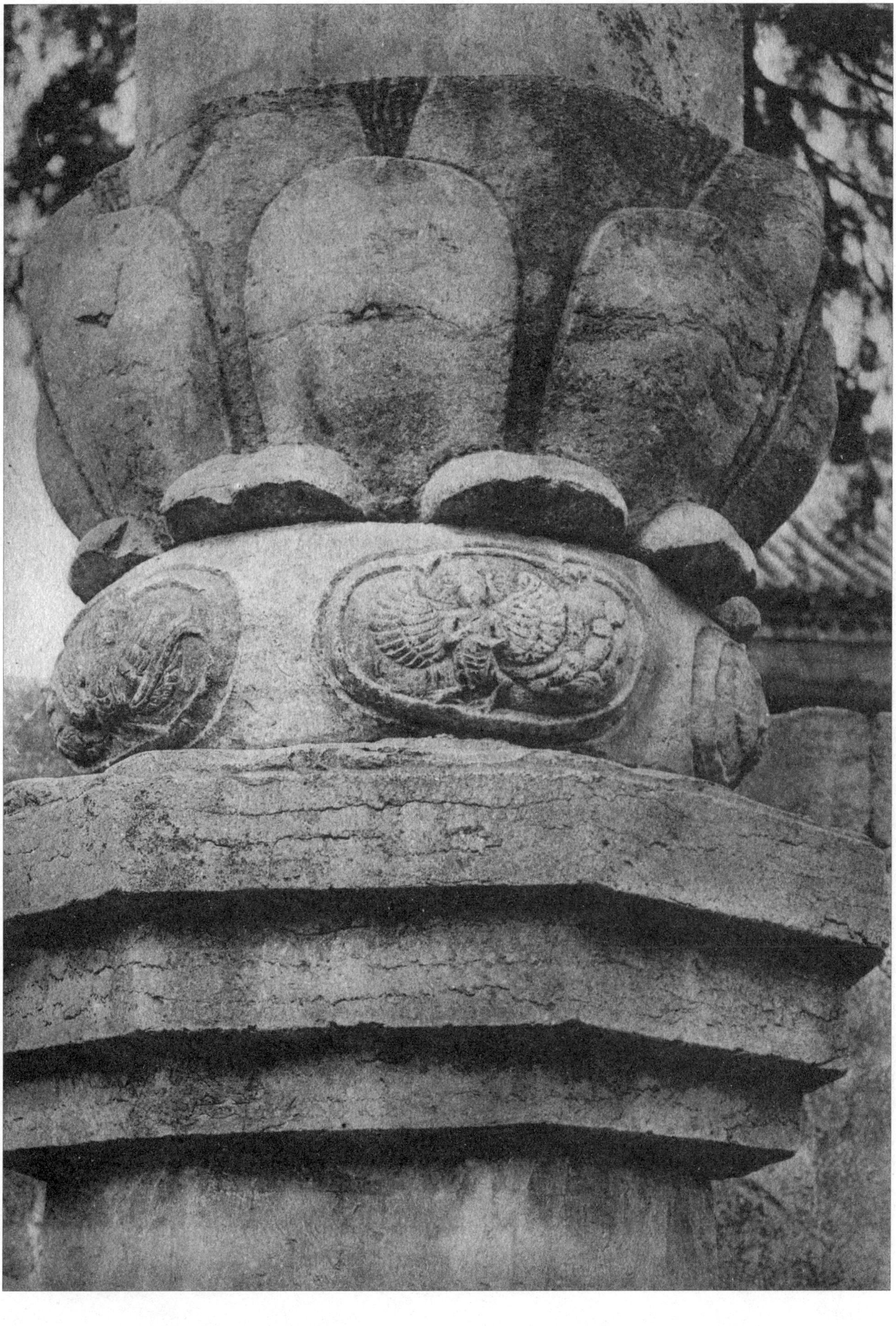

图 2-8 · 蒿里山 · 冥福寺 · 经幢细节

图 2-7 · 蒿里山 · 冥福寺 · 经幢

岱庙

岱庙即泰山庙，位于泰安城。泰安城古时为鲁国与齐国分界处，北依泰山，南临汶水，以地势伏越著称。关于泰山庙创建年代，没有明确记载，但好像秦时已有庙，汉代有文献明确记载，博县，即今泰安城已有庙。泰山有上、中、下三庙，岱庙为下庙。

岱庙位于泰安城西北角，主要建筑呈南北轴排列，周环高二丈、长三里围墙，颇有王者风范。庙宇前方即南边，数座殿宇一字排开。从南边看起，按顺序先是池塘，接着是牌坊，北边为遥参门。门左右围墙环绕的廊内正面为祭祀碧霞元君的遥参亭，亭前有一铁桶，此亭为明万历元年（1573）沈阳侯康王建。此亭原名"草参门"，为岱庙第一门，明代时因安放了元君像而改建成殿。最早岱庙举办祭祀活动时，先在这里行祭拜礼。从遥参亭往北走，有一方形台。再往北走，经过一个圆形池，就来到一座庙宇和一座牌坊前，牌坊对面就是岱庙气派的正门了。

正门为重阁，又称为"正阳门"或"岳庙门"，下层为砖砌，前开三条通道，上层五间三户，单檐歇山顶。两侧为挟门。长方形外廊由厚砖砌成，并拐向东西延伸，四隅设有角楼。（图2-9、图2-10）左右两门分别称为"见大门""仰高门"，正门与见大门一直关闭。除正门外，东有青阳门（又称东华门），西有素景门（又称西华门），北有鲁瞻门（又称厚载门）。正阳门内为宽敞的中庭，正前方为配天门，五门二面三户，左右为灵侯殿、大尉殿。中庭东南边有一块石碑，为宋宣和六年（1124）立"重修东岳庙碑"，大尉殿西南方石碑为宋大中祥符六年（1013）立"东岳天齐仁圣帝碑"。

宣和碑为庙内第一大碑，大中祥符碑次之。见大、仰高二门侧面向北伸展的墙上有门，左右相对，东为炳灵门，西为延禧门。炳灵门内有炳灵殿，殿前大柏树枝叶不停颤动，妙趣横生，据传为汉武帝时栽种的。（图2-11）炳灵殿后为灵感亭。殿北原有迎宾馆、三茅殿、驻跸亭等，但现在已荒废，不复存在了。延禧门内原有御香亭、诚明堂、藏经堂、鲁班殿、环咏亭等，现也已荒废，只有茂密的唐槐与鲁班殿，即公输子祠等少数建筑保存了下来，其四面墙壁上刻满历代石刻。

进入配天门，即可见北边的仁安门，左右有挟门，门内东西回廊勾画出庙庭内廊，以一条石路为轴，左右楼阁规模宏伟，极为森严。沿石路往北走，是一处石台四隅奇石、雕栏环抱的建筑。再北走，可见一座巨大石坛，一扶桑石卓然而立，其北面即正殿峻极殿（编者注：现称天贶殿），殿前有一大石坛。（图2-12、图2-13）

峻极殿阔九间三面，重檐，是一座伟大的建筑。大屋顶呈方形，栋檐高挑，外檐、屋庇同为三跳拱。雕梁彩栋，颇为壮丽。殿外左右坛上设六角碑亭，殿东西起回廊，转向东庑、西庑。东西两庑之间为三间二面重阁——鼓楼、钟楼，为庙宇增色不少。两楼下层为砖砌成，上层木造。沿楼前石路向南，左右为碑楼，其南边筑有长方形土坛，坛上石碑林立。《泰山志》里说左右碑石林列，西边有一石幢，高三丈许，俗称"无字碑"，大概就是指的图（图2-14、图2-15）上的金碑吧。另外，峻极殿前石坛角落处有一铁质天水桶，为宋建中靖国元年（1101）兖州府李谅所献，其周围浮雕装饰精美巧妙，为宋代艺术代表作。（图2-16）峻极殿后有石坛与寝宫相连。寝宫为五间三面三户三窗建筑，东西设有小殿，各三间。东殿内安放有类似观音的造像。

据说唐李氏帝家深信自己家族为老子之后，因而笃信道教，并欲扩建岱庙。唐玄宗开元十三年（725）十一月下诏封泰山神为"天齐王"。宋真宗大中祥符元年（1008）加号为"仁圣天齐王"，又于大中祥符四年（1011）五月加封"天齐仁圣帝"封号。元世祖至元二十八年（1291）三月加封五岳，东岳为"天齐大正仁圣帝"。明太祖洪武三年（1370）撤去前代封号，单称之为"泰山之神"，因深信其原名为"昊天上帝"或"太昊青帝"，主万物之生。又因传说其为掌管生死之神，冥府十大王中也有泰山府君，所以人们相信祭祀泰山府君可医病延寿。

以上内容依据塚本靖博士于1907年岱庙实地调查报告。（常盘大定 文）

图 2-9 · 岱庙 · 角楼

图 2-10 · 岱庙 · 门

图 2-11·岱庙·汉柏

晚清民国时期中国名胜古迹图集·第拾壹卷·山东泰安

图 2-12 · 岱庙 · 峻极殿

图 2-13·岱庙·峻极殿

图 2-14・岱庙・金碑

图 2-15 · 岱庙 · 金碑细节

图 2-16 · 岱庙 · 宋铁桶

宋东岳天齐仁圣帝碑

此碑为宋真宗大中祥符六年（1013）所立，龟趺宽七尺四寸，长十三尺，高三尺三寸。碑身宽七尺一寸三分，厚二尺二寸，碑高连螭首在内约二十五尺。此碑为作者所见宋碑中最大一块。龟趺左右两侧及碑座侧面牡丹唐草环绕，内刻云龙纹，龟趺下的方基上刻有波纹，周围为山岳状浮雕，其手法为唐碑中所没有的。螭首优雅，但雕刻肤浅，略显平板。（图2-17、图2-18）（关野贞 文）

图2-17·岱庙·宋东岳天齐仁圣帝碑龟趺

图 2-18・岱庙・宋东岳天齐仁圣帝碑

岱岳观碑

《金石文字记》中说，"泰山之东南麓王母池有唐岱岳观，今存小殿三楹，土人称为老君堂。其前有碑二，高八尺许，上施石盖，合而束之。其字每面作四五层，每层文一首或二首，皆唐时建醮造像之记"。《金石萃编》第五十三卷载有碑文，作者王昶说，此碑俗称"鸳鸯碑"。二碑合二为一，两面两侧，刻字三十二段，今录唯有唐刻，另有宋皇佑政和题名三段未做收录，题名年号始自显庆六年（661）止于贞元十四年（798）。碑中所记共八帝一后，一百三十余年，详记斋醮之礼，为正史礼志所未有，是史家考证之重要依据，云云。

正如王昶所说，关于道家斋醮造像之礼，只有此碑中有记载，因而此碑是研究宗教史，特别是道教史的珍贵资料。因为祭文中提到了名道士郭行真、叶法善，还提到《本际经》、度生经，造像中有元始天尊、老君、东方玉宝皇上天尊等，在此列举祭文中的代表内容如下。(图2-19、图2-20)

显庆六季（译者注：原文为"季"，应为"季"，同"年"）二月廿二日
敕使东岳先生郭行真、弟子陈兰茂、杜知古、马知止，奉为皇帝皇后七日行道，并造素像一躯，二真人夹侍。

东岳先生为道士，为东岳之主。因无赐号，所以称之为先生。皇帝指高宗，皇后指武后。七日行道指建造道场花费七日，素像的素一般与"塐""塑"通用。此为泰山设醮之始，六年后有封禅之举。素像两侧二真人夹侍，为佛教三尊佛形式。

仪凤三年三月二日，大洞三景法师叶法善，奉敕于此敬□修斋，设河图大□一□，敕敬造壁画元始天尊，万福□□□德既毕，勒石纪年。

关于叶法善，《两唐书》中有其传记，说其少传符箓，高宗听闻叶法善盛名，以爵位厚禄相许，征诣其来京奉事，但叶法善只求做一个道士，因而留于道场内，待遇甚厚。"大洞三景法师"为高宗赐号。三景指洞真、洞元、洞神三洞，合称大洞。法善此时奉敕于此设河图大醮，"造壁画元始天尊"是指修醮时必造神像，塑画相间。

大周而称二季岁次辛卯二㊉癸卯朔十㊆壬子，金台观主中岳先生马元贞，将弟子杨景尘、郭希历、内品官杨君尚、欧阳智琮、奉壁神皇帝敕，缘大周革命，令元贞往五岳四渎，投龙作功德，元贞于此东岳，行道章醮，投龙作功一十二㊆夜。又奉敕敬造石元始而尊像一铺，并二真人夹侍。永此岱岳观中供养。祇承官宣德即行兖州都府仓曹叅军事李叔度。

如同郭行真被称为东岳先生一样，马元贞被称为中岳先生。"内品官"指内侍省品官，龙朔二年（662）内侍监改为内侍省。"奉圣神皇帝敕"指垂拱四年（688）五月武后受封尊号为圣母神皇，因得宝图于洛水，故称之为"天授圣图"，后遂改元号为周，尊号为圣神皇帝。改元第二年命元贞往五岳四渎，投龙作功德，并告之大周革命一事。道家将金龙玉简投入各山洞府称为投龙，造像数量少时称为一躯，多时称为一铺。

大周壁历元季岁次戊戌腊㊉癸巳朔贰㊆甲午，大历道观主桓道彦弟子晁自揣，奉敕于此东岳设金箓宝斋河图大醮，漆㊆行道，两度投龙，遂感庆云参见。用斋醮物，奉为而册金轮墼神皇帝，敬造等身老君像一躯二真人夹侍。

专当官博城县尉李嘉应

兖州团练使押牙忠武将军守左武卫大将军上柱国赵俊

兖州团练使都虞候银青光禄大夫试卫尉卿上柱国高晃

金箓与黄箓相同，黄箓为皇帝金简。翊圣真君传结坛有九法，其中三坛中的上坛称为黄箓延寿坛，中坛为黄箓臻庆坛，下坛为黄箓驱邪坛。《唐六典》中说，凡天下大观共一千六百八十七所，每观观主一人，上座一人，监斋一人，斋内十名，其一曰金箓大斋，其二曰黄箓大斋（其余未录）。关于设醮行道之法，六典中没有详细记载。"等身老君像"意即与人身同样大，"专当官"指专门负责办理斋醮造像之人。

大周长安四季岁次甲辰十一匚癸未朔十五㊆丁酉，大□□观威仪师邢虚应法师阮孝波、承议郎行宫、闱丞刘怀慈、卻□□□等，奉敕于东岳岱岳观中，建金箓大斋，卅九㊆，行道设醮，奏表投龙，荐壁以本，命镇得物，奉为皇帝，敬造石玉宝皇上而尊一铺，十事并壁画而尊一铺，廿二事，敬书本际经一部，度生经千卷以兹功德，奉福圣躬。其匚四㊆已前，行道之时，忽见㊆匚扬光，加以抱戴。俄顷之际，云色顿殊。遂有紫霞□起，黄云互兴，遍满□场，善成功德，睹斯嘉瑞，敢不书之，斋醮既终，敕文于石。

专管官宣德即行兖州都督府叅军事金处廉。
专管官文林郎守博城县主薄斡仁忠。
专管官岳令刘□□
威仪师为道职，阮孝波后被尊为大宏观法师。

大周碑上有十二字，即而(天)、埊(地)、生(人)、璧(圣)、忠(臣)、𠡦(年)、囝亦𠥓(月)、⊘(日)、〇(星)、𠀆(正)、稀(授)、𡔈(初)。皆为武后新字，但写法并未固定，单"月""初"二字在此碑中就各有两种写法，数字壹、贰、叁、肆、漆、捌、玖等也是武后改制之后的写法。（常盘大定 文）

图 2-19 · 岱庙 · 唐景龙三年造像铭拓本

图 2-20 · 岱庙 · 唐显庆六年造像铭拓本

泰山

泰山又被称为东岳、东岱、岱宗、岱山、太山。自古以五岳之首,众山之尊,名闻天下。关于岱宗,一种说法认为"岱"即"始","宗"即"长",为五岳之长之意;另一种说法认为"岱"为"代谢",为除旧迎新、万物更生之意。据说泰山高四十余里或四十八里三百步,巍然屹立于肥沃的山东大地上。《史记》中"黄帝东至于海,及岱宗"的记载,即印证了泰山自古驰名天下的事实。"孔子登泰山而小天下"也是尽人皆知的典故。(图2-21、图2-22、图2-23)

自秦汉以来,历代皇帝即不断举行泰山"封禅"之礼。据说这一仪式远古就已经有了,但也有说法认为始于秦始皇。"封禅"即泰山上筑土为坛以祭天,称为"封",泰山下小丘上除地祭地以为"禅"。《白虎通》中说"封,增高也,禅,广厚也。天以高为尊,地以厚为德。故增泰山之高以报天,禅梁父之址以报地"。自秦汉以来,提到封禅人们就会联想到泰山,由此可见中国人自古以来对泰山的崇仰程度之高。

常盘大定曾于1921年10月徒步攀登泰山。先从泰安城沿陡峭的山路来到斗母宫,此为沿途第一大庙,为尼姑所居之地。斗母宫左边诸殿相连,从佛道二教的角度看非常有趣。

主殿　　　主神　斗母——千手观音像
　　　　　配神　二十飞天

后殿由三重神像组成。

前神　　　佛爷——弥勒佛
中神　　　白衣观音——娘娘像
主神　　　送子观音——佛陀像
东配殿　　白衣送子等观音像
西配殿　　娘娘——宝冠形菩萨像

斗母宫的神像都是观音、弥勒之类,并且佛像称观音,娘娘像称观音,菩萨像称娘娘,观音像称斗母。完全将佛、观音、娘娘混为一谈,形象与名称极为不一致,从主殿前庭康熙年间比丘尼江姓所立之碑可知,这种不一致在康熙之前就已经出现了。

离开斗母宫,沿溪流而上,过"云路"石,到达第一座石桥,这里也是溪流的尽头。沿石桥前面一条小路而下,越过东边一条小溪,来到一条较大溪流前,数十步之宽的河床上可见一块平坦的花岗岩,上刻《金刚般若经》,即有名的"经石峪",其景象壮观

图2-21·泰山远景

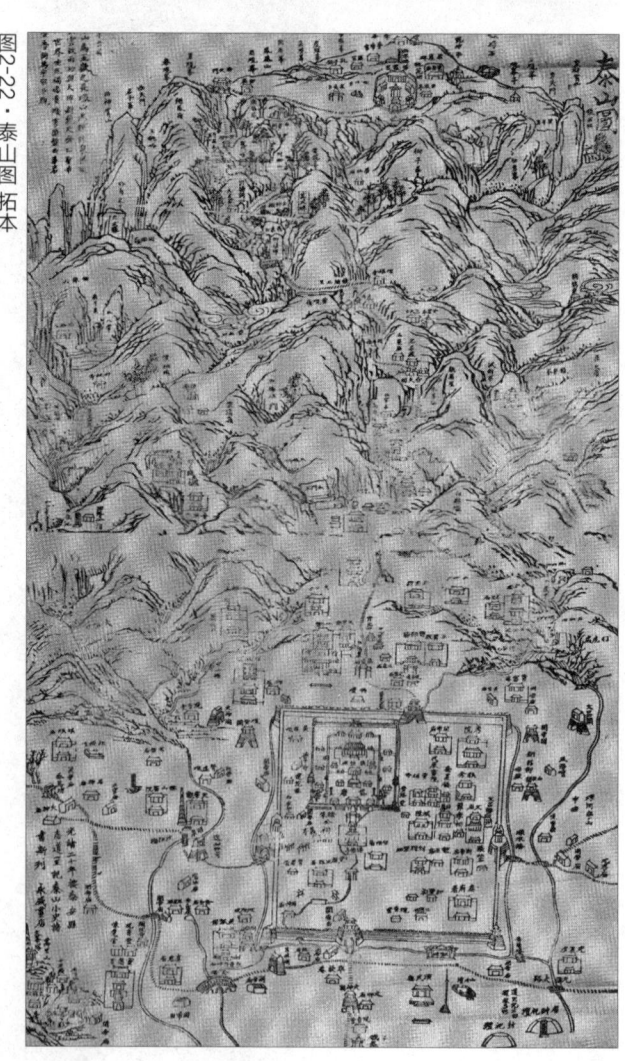

图2-22·泰山图拓本

无比。石块异乎寻常地平坦、干净。(图2-24、图2-25、图2-26)

石块上的文字大约一尺五寸平方或一尺平方，约九百余字。书体雄浑，为石刻中的明珠，没有书者及年代，但从邹城尖山摩崖上所刻唐邕、韦子深，徂徕山上所刻王子椿等名字来推断，或许行书者为唐邕、韦子深、王子椿，但众说不一，王子椿的可能性最大。可惜由于长年流水冲刷，文字脱落，现在的文字大概是后人补刻过的，新旧一眼就知。经文上部倒刻"暴经石"三个大字，为南昌万恭题。西边有一石亭，上刻"高山流水"，旁边摩崖上为明隆庆六年（1572）南昌万恭撰"高山流水亭石壁记"。除以上两刻之外，万恭还留有"水簾"二字。亭内左边有联："晒经石上传心诀，无字碑中写太虚。"亭上匾额为"凉头活水"，左边又有联："天门倒泻一簾□，梵石□呵千载文（编者注：此处应为"天门倒泻一簾雨，梵石灵呵千载文"）。"

此处石刻颇多，多为四字，其中亦有两三篇诗文，与佛教有关的只有"铭心淘虑，佛子无念，守训"一处。

离开经石峪，又上路途。先经过一座奉祀泰山的祠堂，又经过题有"回马岭"的山门，沿途柏树骤减，之前沿途两旁挺拔的柏树郁郁葱葱。经过药王殿及一座无名古庙，又过了第三座石桥，来到伏虎庙（编者注：今称黑虎庙）。这里是山腰最高处，抬头仰望，山顶朱门耸立，低头看去，徂徕山、汶河即在脚下。伏虎庙祭祀的是伏虎神，庙门外岩石上题有"中天门"，岩石似虎皮，这大概就是庙名的由来吧。过了中天门，下到一块平地，一股冷气袭来，让人感到登山的快意。再往上到达增福庙，这里石刻颇多，不过其中属于佛教的只有"佛心""登欢喜地""妙极""佛（陈预题）"等几块而已。

从酌泉亭开始，山路又变得陡峭起来，沿路而上，来到一座朱栏桥边，让人觉得似乎从这里可以上入天界。再往上就到达了五松亭，即有名的五大夫松所在地。秦始皇即位第三年曾率齐鲁儒生博士七十人欲在此行封禅之礼，但突遇暴雨，于是树下避雨，因此封此树为五大夫松。一般称有功之人为"五大夫"。自秦以来已经过去两千余年了，这棵松也应该是当初那颗松树的子孙吧。(图2-27)

从五大夫松往上走，经过一个题为"朝阳洞"的旧庙。登上郁松亭前的陡坡，冷气变得越来越重，如果乘轿上来的话，大概会冷得彻骨吧。从一座题为"升仙坊"的石门继续往上走，就来到了山路更加陡峭的十八盘。它位于东飞龙岩和西翔凤岭之间，为山路中的最难关，只要克服了这一难关，就可到达南天门，南天门又叫"三天楼"。到此为止，登泰山的难关也就结束了，南天门为岱顶的入口处。(图2-28)门上有如下联句：

门辟九霄，仰步三天胜迹。

阶崇万级，府临千嶂奇观。

南天门上的楼阁称为"摩空阁"，内有白衣观音像。回头看，泰安城小得好像是一个玩具盒，在平原上难以辨清的徂徕山的全貌也清晰可见。南天门内有关帝庙，山顶以关帝庙为前堂，另外还有几座庙堂。

泰山顶的庙宇中最高处为敕修玉皇庙，最低处即关帝庙，二者之间的庙祠按如下排列：敕修东岳庙、敕修青帝宫、敕修元君后宫、敕修碧霞祠、孔子庙等。(图2-29)

玉皇庙

东岳庙　青帝宫　元君后宫

碧霞祠　孔子庙

关帝庙

碧霞元君祠以泰山娘娘为主神，连西神门在内，主殿共有三位娘娘，东殿为眼光娘娘，西殿为送子娘娘，中庭有香亭。其前左右各有一块一丈五六尺高的铜碑巍然屹立，一块为万历年间所立，另一块为天启年间所立，很明显是为纪念敕修而立。嵩山少林寺有眼光菩萨，当时不知何物，看到这里的眼光娘娘，才发觉大概是佛教里混入了道教的成分吧。(图2-30)

东岳庙为泰山的上庙，著名的开元十四年（726）御书"纪泰山铭"就刻在东岳庙背后的摩崖上，因是泰顶唯一的古碑而闻名。全拓纵五间，宽三间，气势庞大。(图2-31、图2-32)

最顶部的玉皇庙位于西南边玉女池之侧，庙内香火不断，参拜者络绎不绝。(图2-33、图2-34) 石栏环绕的院内，有石被称为"古登封台"。这块巨石对泰山来说应该是极有价值之物(图2-35)，却被这么随便地放在狭小的院内。屹立门外的无字碑，顶冠傲视天下，至于为何无字，实在是千古之谜。一说为秦始皇建，又有一说为汉武帝建。(图2-36)

站在这里向南俯瞰，只见脚下奇峰突兀，北为后石峪岩壁，东为观日峰，据说西为观日落处。玉皇庙与观日峰之间立有一碑，上刻"孔子小天下处"，意即孔夫子当年就是在这里小天下的。(常盘大定 文)

图 2-23 · 泰山远景

图 2-24 · 泰山 · 经石峪

图 2-25 · 泰山 · 经石峪

图 2-26 泰山·经石峪·《金刚般若经》拓本

图 2-27 · 泰山 · 五大夫松
晚清民国时期中国名胜古迹图集 · 第拾壹卷 · 山东泰安

图 2-28 · 泰山 · 南天门

图 2-29 · 泰山 · 泰山山顶全景

晚清民国时期中国名胜古迹图集·第拾壹卷·山东泰安

图 2-30 · 泰山 · 碧霞祠

图 2-31 · 泰山 · 东岳庙及纪泰山铭

图 2-32 · 泰山 · 摩崖碑之一

图 2-33 · 泰山 · 玉皇庙

图 2-34 · 泰山 · 玉皇庙本殿

图 2-35 · 泰山 · 古登封台

图 2-36・泰山・无字碑

徂徕山 | 映佛岩

徂徕山位于泰安县城东南四十里处。《诗经·鲁颂》里说徂徕有松。《水经注》里说汶水流向西南，经过徂徕山西，山上多松柏。《邹山记》里说徂徕为梁父、奉高、博三县之界，有美松、尤峰。《旧志》里说山上有紫源池。徂徕山上有白鹤湾和竹溪。唐天宝年间孔巢父、李白、韩准、裴政、张叔明、陶沔六人结社于巉石峰，号称"竹溪六逸"。宋代石介又于其下筑室，号称"徂徕三老"。元代许衡隐遁于此，得王辅嗣《周易》，故号"鲁斋"。

徂徕山东南有光化禅寺。据寺前宋碑可知，此寺建于北魏，在山东与灵岩寺齐名。再往东四里许为大悲阁。大悲阁东南二里处为映佛岩，巨大的花岗奇石形成一座小丘，其南面刻有"文殊师利白佛言"等九十八字《般若经》文。经文右上方为铭文。由碑文可知，此碑为王子椿书，刻于北齐武平元年（570），刻主为以普□为中心的众僧侣，主办者为慧游。（图2-37）

梁父县即是汉代以来的泰山郡，北齐时改属东平郡下县，位于徂徕山南边，书者王子椿就是梁父县令。

映佛岩背后平地上有两块起伏不平的巨石，一块上面刻有四佛名，另一块刻"十八空及冠军将军梁父县令王子椿造"等文字，右侧刻"武平元年中正胡宾"等字。胡宾大概是负责具体事务之人吧。（图2-38、图2-39、图2-40）（常盘大定 文）

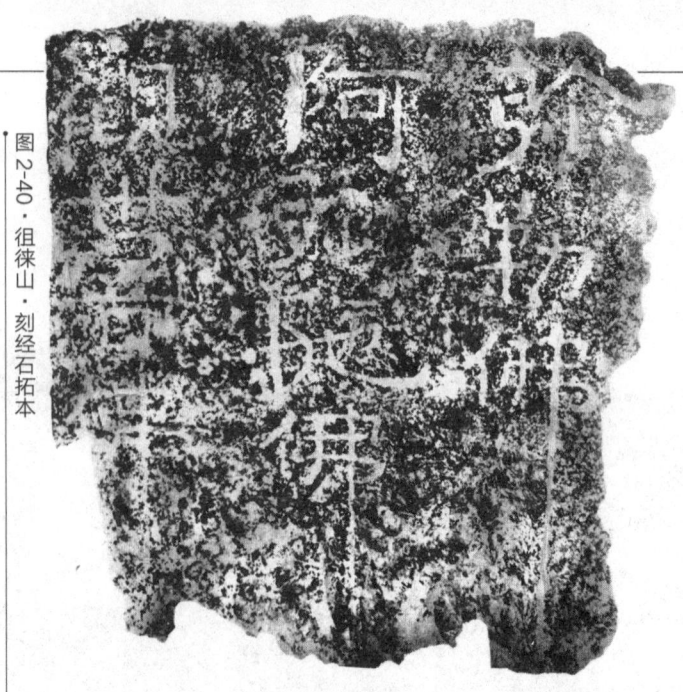
图2-40·徂徕山·刻经石拓本

图2-38·徂徕山·刻经石拓本

图2-39·徂徕山·刻经石

图 2-37 · 徂徕山 · 映佛岩

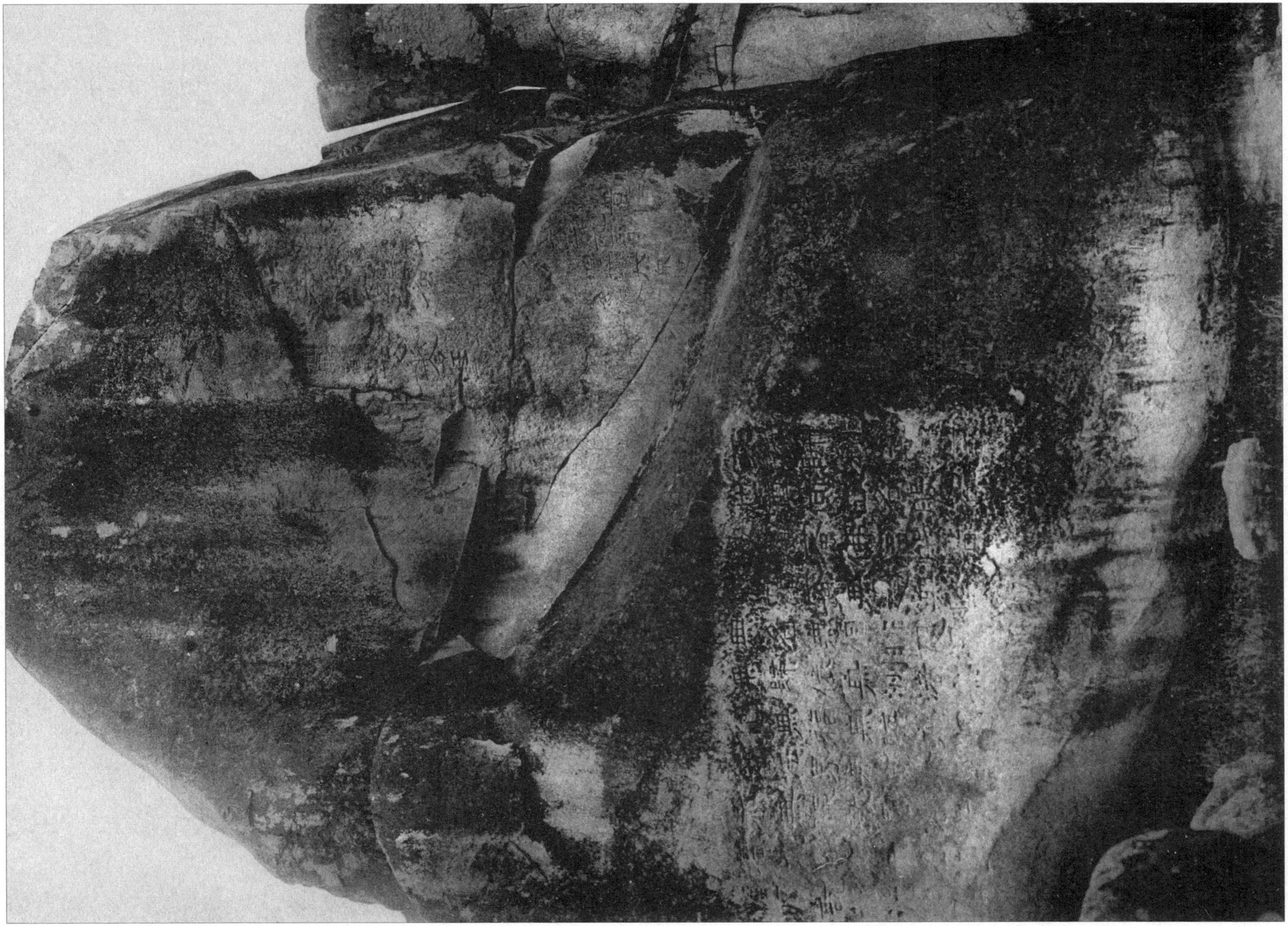

山东
邹县
ZOUXIAN
COUNTY OF
SHANDONG
PROVINCE

山东
泗水
SISHUI
COUNTY OF
SHANDONG
PROVINCE

山东
兖州
YANZHOU
CITY OF
SHANDONG
PROVINCE

山东
济宁
JINING
CITY OF
SHANDONG
PROVINCE

QUFU CITY OF SHANDONG PROVINCE

TAI'AN CITY OF SHANDONG PROVINCE

ZOUXIAN COUNTY OF SHANDONG PROVINCE
SISHUI COUNTY OF SHANDONG PROVINCE
YANZHOU CITY OF SHANDONG PROVINCE
JINING CITY OF SHANDONG PROVINCE

CHANGQING COUNTY OF
SHANDONG PROVINCE
JINAN CITY OF SHANDONG PROVINCE
FEICHENG CITY OF SHANDONG PROVINCE
JIAXIANG COUNTY OF SHANDONG PROVINCE

山东曲阜		□
山东泰安		□
山东邹县	山东泗水	■
山东兖州	山东济宁	
山东长清	山东济南	□
山东肥城	山东嘉祥	

山东邹县

孟庙

　　孟庙位于邹县城南门外，原位于东门外，宋宣和四年（1122）移至此地。其后屡遭火灾，屡次重建。现在的亚圣殿为清康熙二十六年（1687）重建。亚圣殿广七间，深五间，四周有通道，重层歇山顶，第一层周围八棱柱，仅正面柱上刻有宝相花纹。(图3-1)内部置雕饰龛，内置孟子像及木制牌位，配"乐正子像"。(图3-2)孟庙结构与孔庙大成殿相似，但规模风格皆逊于孔庙。(关野贞 文)

　　后殿安放孟子夫人的神位，左方为启圣祠，内置邹国公像。庙庭内有天震井，靠门处右方阁内有一块两面汉碑。孟庙内最为壮观的是那郁郁葱葱的古柏树。

　　邹县南门外有一座牌坊，上题"三迁故址"，傍有一碑，上刻"孟母断机处"。这里是孟母故居，但只是一座不起眼的小庙而已。

　　清宣统三年（1911）重编《山东通志》第三十八卷《邹县》项下记载，孟庙位于城南一里处，又说位于四基山墓前，而前述亚圣殿即位于城南一里处。(常盘大定 文)

图 3-1 · 孟庙 · 亚圣殿

图 3-2·孟庙·亚圣殿·孟子像

孟子墓及孟母碑

孟子墓位于县东三十里山顶山脚下的亚圣林中。通往墓林的道路两旁古树成排，一眼便可知道路尽头的唯一一座墓地就是孟子墓。林前有一座石桥，从桥旁石碑可知，山顶山原名四基山。林中的拜殿规模很小，殿后一块大石碑上刻"亚圣孟子墓"，再后方的一块小石碑上刻"先师邹国公"。（图3-3、图3-4）

亚圣林西二十里处，有一座树木茂盛的丘陵，通往丘陵的道路两旁古树成排，一直延伸到丘陵之上。丘陵下茂林中为孟母庙及墓地。常盘大定于1921年10月来到此地时，里面无人居住，无法入内。从外面观望，见里面有一块碑与孟子墓后石碑同形等大。（图3-5）距庙不远的两侧是孟母墓，立三碑（图3-6），这附近为孟氏墓地，其中较新的墓为清宣统三年（1911）所立第六十八代孙冠三孟公墓，现今的孟氏为孟子第六十九代子孙。

清宣统三年重编《山东通志》第三十五卷中说，孟子墓位于邹县东北三十里处，四基山麓，墓前有庙，宋孔道辅建，立有泰山孙复撰碑记。（常盘大定 文）

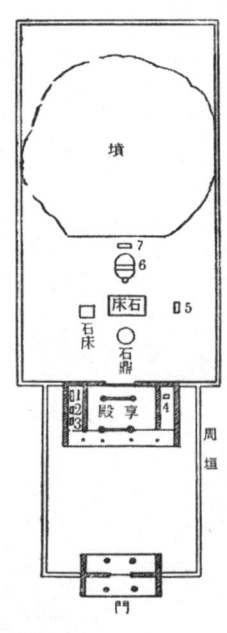

图3-3·孟子墓平面图

1　宋景祐五年新建孟子庙记碑
2　元元贞二年孟子墓碑
3　元至正三年思本堂记碑
4　明增置四基山孟夫子墓后祭田记碑
5　清雍正十年重修圣祖林墓享殿碑
6　圣亚孟子墓碑
7　先师邹国公碑

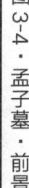

图 3-4 · 孟子墓 · 前景

图 3-5·孟母庙·前景

图 3-6 · 孟母墓 · 前景

重兴寺 | 九层砖塔

重兴寺位于邹县城西北，寺已荒芜，唯塔还在。但塔也日渐破旧，最下层已成农家厨房，从塔前的石碑可知寺名为法兴寺。

塔为八角形九层砖塔，初层一面宽十一尺九寸，有单坡歇顶。初层檐与二层檐之间为结构复杂的挑檐斗拱，而第三层以上各层为鱼鳞形承托，此种塔非常少见。塔身逐层收小，轮廓呈炮弹状。各层倚柱呈圆柱形，各面有窗。三层以下为半圆拱，以上为尖拱。相轮已不完整，只有铜铸宝珠与圆盖还保存完好。塔略显厚重，但塔檐手法特别，从塔檐看大概为唐代建筑。（图3-7、图3-8）（关野贞 文）

图 3-7 · 重兴寺 · 砖塔全景

图 3-8-C 重兴寺·砖塔细部

山东泗水

维摩经碑

维摩经碑置于山东泗水县。碑上部为释迦三尊龛，刻有"维摩经见阿閦佛品"，十一行，正书，笔力雄健。碑阴为"大齐乡老举孝义镌修罗之碑"，年号皇建元年（560），为北齐之物。金石书上都把刻经一面看作碑阴，但也许这一面不是碑阴，而是碑阳。（图3-9）（常盘大定 文）

大般涅槃经碑

此经碑存于山东泗水县石佛寺内，为气派的分书。依据迦叶菩萨语，应判断为《大般涅槃经》，但至今仍未查出。碑侧有维那题名，年号为北齐河清三年（564）。（图3-10）（常盘大定 文）

图3-9·北齐维摩经碑拓本

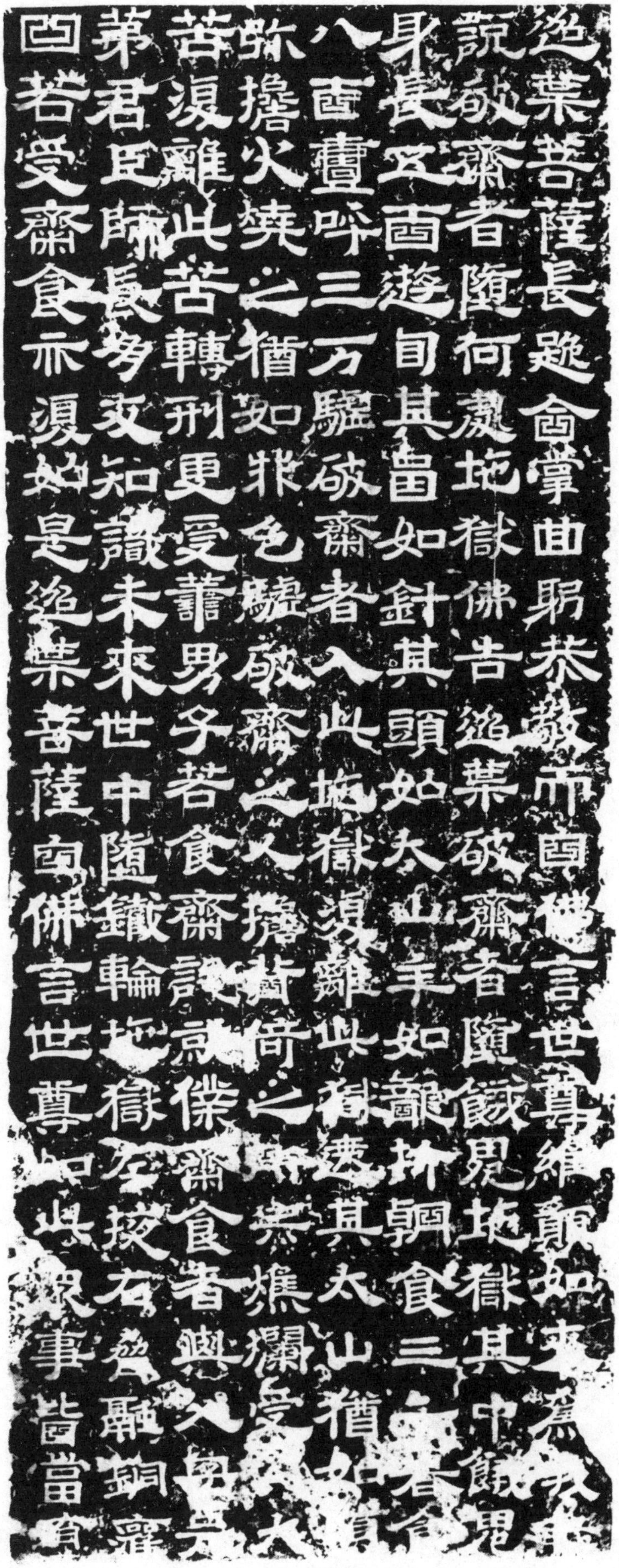
迦葉菩薩長跪合掌曲躬恭敬而白佛言世尊維願如來
說破齋者隨何處地獄佛告迦葉破齋者隨餓鬼地獄其中餓鬼
身長五百由旬其咽如針其頭如太山手如龍折食三
八百壹呼三万驢破齋者入此地獄須臾離此獄還其太山猶如
弥擔火燒之猶如非色驢破齋之又擔倚之燋爛受
苦復離此苦轉刑更受壽男子若食齋說僕齋食者與之又
弟君臣師長易友知識未來世中隨鐵輪地獄左拔右融銅
白若受齋食亦須如是迦葉菩薩白佛言世尊如此衆事皆當

图 3-10 · 北齐大涅槃经碑拓本

山东兖州

兴隆寺｜砖塔

兴隆寺位于兖州城东北，原名普乐寺，宋初改称兴隆寺。寺庙已经颓废，几乎没有了痕迹，唯有砖塔保存了下来。塔为八角形十三层，下七层宽大，上六层骤然缩小。初层一面宽二十尺一寸，短檐环绕，呈单坡歇山顶状，第二层以上逐层变小，第七层扶栏环绕。初层四面开有入口，从内部塔梯可登临第七层顶上。各层四面开半圆拱状窗口，四角长方形、圆形窗相互交错。第八层以上骤然变小，但窗形与下部相同。此塔形状特殊，权衡秀丽，别无同类。(图3-11)

塔内三层有壁碑：

上层碑——大宋嘉祐八年三月；

中层碑——重建兴隆寺宝塔题名（康熙三十九年五月吉日）；

下层碑——大清康熙五十七年兖州府正堂金太老爷讳一凤捐资重修。

《山东通志》里说此塔为宋太平兴国七年（982）修建。如此看来，宋嘉祐八年（1063）、清康熙三十九年（1700）、康熙五十七年（1718）就都是重修了。（关野贞 文）

塔下雕刻可称之为"千体佛幢"。虽已破旧不堪，但"西域飞来"等文字还能辨认。《金石志》中所说唐玄宗先天二年（713）兴隆寺僧九宝等造像，大概说的就是它。(图3-12)

塔下还有一个六角经幢，上刻《弥勒下生经》，为宋熙宁五年（1072）之物。（常盘大定 文）

图 3-11 · 兴隆寺 · 砖塔

图 3-12 · 兴隆寺 · 千体佛龛

文庙 | 北魏兖州刺史贾思伯碑

此碑现存于兖州县文庙戟门内。碑头左右双龙蟠结,龙脚、龙尾一直飞舞到方额空白处。手法平板粗糙,缺乏匠心。方额上刻有正书"魏兖州贾使君之碑",八字三行三列。碑宽二尺八寸五分,厚六寸八分,全高约七尺。(图3-13)(关野贞 文)

《金石萃编》第二十八卷中称,此碑为贾思伯碑,并说"碑高六尺五寸、广三尺四寸,二十四行,每行四十四字,正书,额题'魏兖州贾使者君之碑,今在兖州府学'"。文中有"君讳思伯,字士休,武威姑藏人也,晋太师贾他之后"字样,末尾"神龟二年岁次己亥四月戊辰朔□日丁亥讫功,大义主翟旭仁、□义主□文,令曹按都,义主姜甫德"。由此可知建碑年月。

碑阴铭文分上下两段:上段为"宋绍圣三年太原温益禹弼题";下段为"大元至正十二年兖州知州李弼、颜从恕、暨前兹阳县尹苏若思俨然蠡州同知丘镇记"。这都是宝贵的墨迹。(常盘大定 文)

图 3-13 · 兖州文庙 · 魏兖州贾使君之碑

山东济宁

文庙

济宁文庙戟门保存的汉碑数量之多，仅次于曲阜文庙。戟门位于大成殿前，正三间，侧二间一户单层门，歇山顶。两侧及中央入口处墙壁为砖砌，且门内外左右各侧都置有汉碑、魏碑。其分布如图所示。

（图3-14、图3-15、图3-16）

即北面东间有三块石碑，分别为"汉益州太守北海相景君碑""汉尉氏令郑季宣碑""汉司隶校尉鲁峻碑"，三碑西南而立。北面偏西方又有三碑，分别为"汉执金吾丞武荣碑""汉郎中郑固碑""魏庐江太守范式碑"，三碑立于东面。南面偏东与东边石柱相接处有"汉郭泰碑"夹于两旁砖柱之间。此碑背面刻有线条粗犷的画像，门内有两块后人所做不太重要的石碑，其中东边的一块为"大元加封宣庙圣碑"。

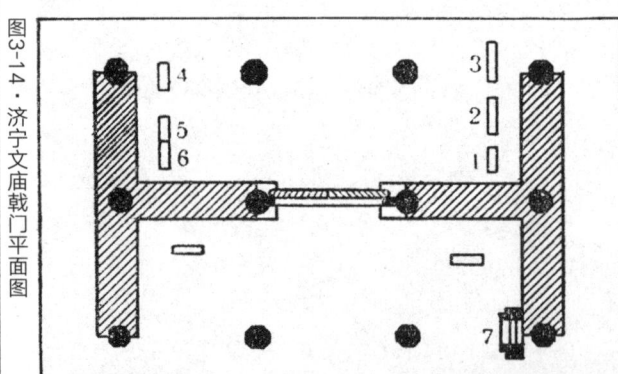

图3-14·济宁文庙戟门平面图

图3-15·济宁文庙·戟门碑碣北面东侧·相景君碑·郑季宣碑·鲁峻碑

图 3-16 · 济宁文庙 · 戟门碑碣北面西侧 · 武荣碑 · 郑固碑 · 范式碑

元加封宣庙圣碑

此碑立于济宁文庙内，元碑。螭首两龙蟠结，处处云纹点缀，手法奇特，但轮廓零乱、俗气。（图3-17）
（关野贞 文）

汉执金吾丞武荣碑

此碑立于戟门内。武荣卒于汉永康元年（167）十二月桓帝驾崩不久，此碑大概为武荣卒后不久永康二年所立。最初立于嘉祥县武氏祠茔域内，不知何时搬移至此。圭首有穿。穿之上与碑顶之间浅刻长方形框构成碑额，内阳刻八分隶书"汉故执金吾丞武君之碑"，十字两行，实为罕见。穿下方碑右面刻有碑文。碑宽二尺七寸九分，厚八寸六分，高约七尺九寸七分。（图3-18）（关野贞 文）

碑文起首为"君讳荣。字食和"。其中有"年卅六，海南察府君"，又有"君即吴郡府卿之中子，敦煌长史之次弟也"。《庚子销夏记》中说荣父乃吴郡丞武开明，兄敦煌长史武斑，皆有碑，皆收录于《金石录》中，并说不知何故，武荣碑却没有被收录进去。（常盘大定 文）

图3-17·济宁文庙·元加封宣庙圣碑

图 3-18 · 济宁文庙 · 戟门 · 汉执金吾丞武荣碑拓本

汉司隶校尉鲁峻碑

此碑保存于戟门内。碑头三角形，三角形底边处有穿。碑顶与穿之间为碑额，额题"汉故司隶校尉忠惠父鲁君碑"，十二字两行，八分隶书。穿下同为八分隶书碑铭。碑阴刻人名，其中故吏四人，门生三十七人，义士一人。碑宽五尺六寸，厚八寸三分，高九尺四寸五分。（图3-19）（关野贞 文）

《金石萃编》第十五卷中有此碑记载。碑文起首"君讳峻，字仲岩，山阳昌邑人，其先周文公之硕胄"，文中有"延熹七年二月丁卯，拜司隶校尉"，"年六十二，熹平元年□月癸酉卒，明年四月庚子葬于是"等句。碑阴刻有二列各二十人列名，另有一列已经无法辨认。并说四十二人中故吏四人，门生三十七人，义士一人，郡、县、名字及出资数额都有明确记载。

关于题额中所说忠惠父，《金石萃编》作者王昶说其大概为门人干商等所作私谥。（常盘大定 文）

汉益州太守北海相景君碑

此碑保存于戟门内，碑顶呈三角形，即所谓圭首，三角形内刻有篆额两行"汉故益州太守北海相景君铭"。其下为碑铭，八分隶书。穿位于碑中上方，碑文中央三行上第九字、第十字处，因此碑文绕穿而刻。碑阴刻有故门下、故吏等五十四人名，也绕穿而刻，可见先有穿后刻文。后人认为此穿是为某种用途而做的，这种看法是不成立的。另外刻有"行三年服者凡八十七人"。景君死于汉汉安二年（143），碑阴说故臣吏服丧三年，将离墓侧，为表悲痛之意，特立此碑。由此推断，此碑应立于景君死后三年，即汉本初元年（146）。碑宽二尺五寸七分，厚六寸三分，高七尺二寸二分。（图3-20）（关野贞 文）

汉郎中郑固碑

此碑现立于戟门内，很早就被收录于《集古录》《金石录》中。其下部本已缺失已久，但清雍正六年（1728）于文庙池塘左边又被找到，现保存于明伦堂内。

碑头部呈三角形，三角形底边处有穿，碑顶与穿之间刻有篆额"汉故郎中郑君之碑"，八字两行，穿下为铭文。郑固卒于汉延熹元年（158），此碑应立于其死后不久。碑宽二尺二寸六分，厚七寸四分，高六

图3-19·济宁文庙·戟门·汉司隶校尉鲁峻碑拓本

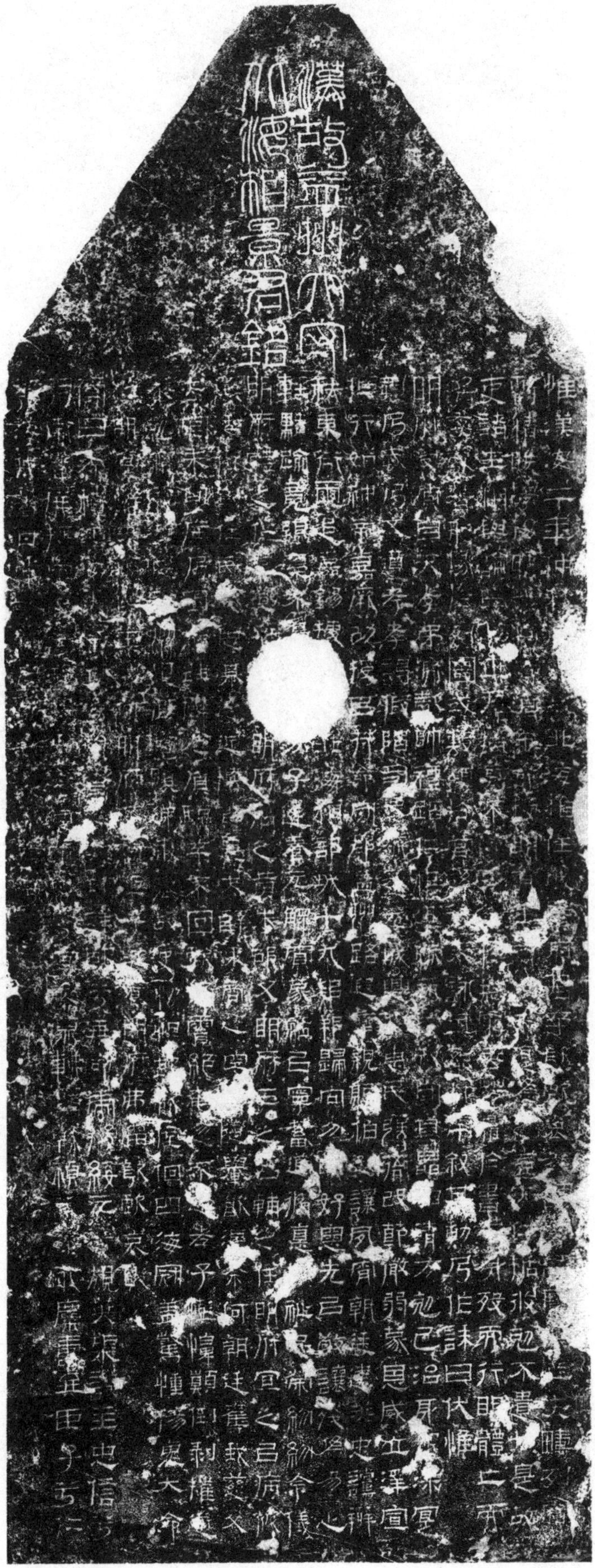

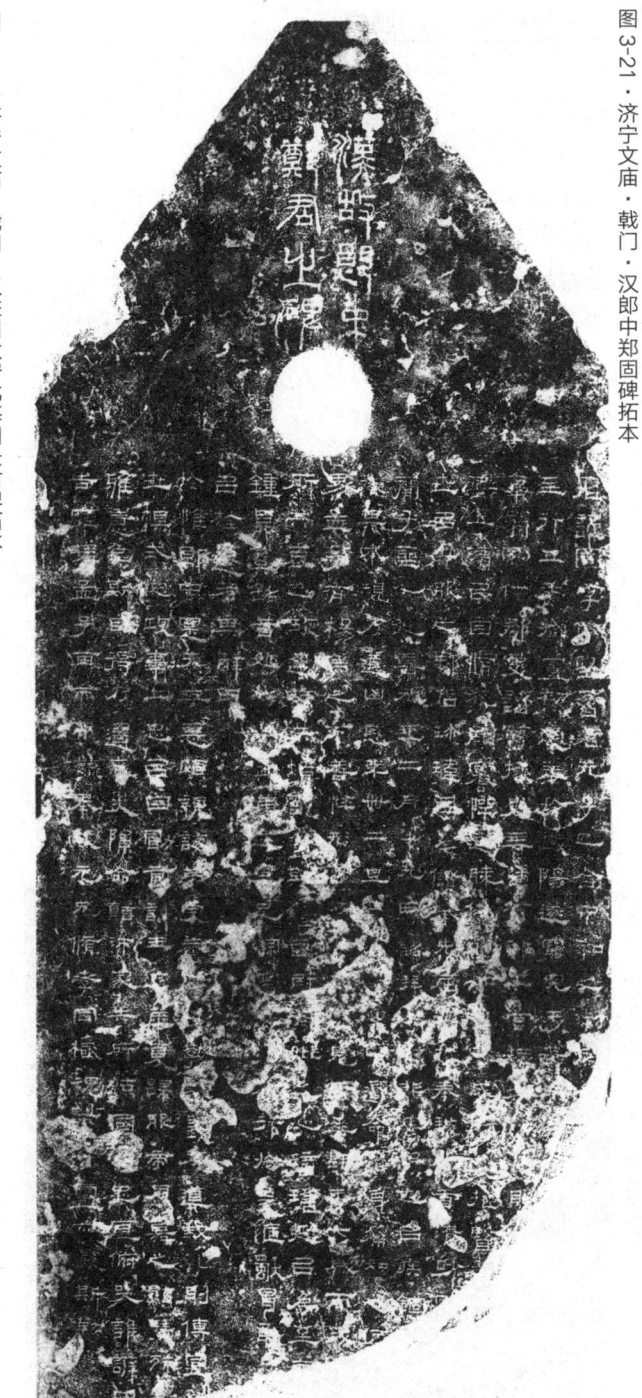

图 3-20 · 济宁文庙 · 戟门 · 汉益州太守北海相景君碑拓本

图 3-21 · 济宁文庙 · 戟门 · 汉郎中郑固碑拓本

尺四寸七分。（图3-21）（关野贞 文）

　　碑文起首"君讳固，字伯坚，著君元子也"。此外，写有"延熹元年二月十九日铭拜"，"年卅二，其四月廿四日遭命陨身"。欧阳修《集古录》中说碑文磨损，其官职、卒葬年月都无从考证，又说汉延熹元年（158）二月诏拜，但无官名。因碑首刻有"汉故郎中郑君之墓"，仅可知道郑固官至郎中。（常盘大定 文）

郭泰碑及碑阴画像

郭泰碑原立于山西介休县郭泰墓前，唐或宋初不知踪影，明代傅山及清代郑簠分别重刻并立碑，但都不值一看。数十年前于山东济宁发现了此碑，称其是原碑，并移至文庙戟门内。这一过程方若《校碑随笔》中有详细记载。此碑现立于今戟门南面东端石柱附近，靠近东面墙壁，被两侧砖砌柱夹于中间，其上部也以砖为盖。如方若所言，碑文虽不是后人伪刻，但究竟是否为原文，还有待研究。（图3-22、图3-23）（关野贞 文）

关于此碑，《金石萃编》中说其高八尺四寸，宽三尺三寸，十二行，每行四十字。碑文开头为"先生讳泰，字林宗，太原界休人也"，又有"享年四十有二，建宁二年正月乙卯卒"。《两汉金石记》中说，关于林宗卒年，《金石萃编》说年四十二，建宁二年正月乙亥卒；而《蔡郎中集》说年四十有三，建宁二年正月乙亥卒；《水经注》中说年四十有三，建宁四年正月丁亥卒。由于三处各不相同，又引证《汉书本传》里"建宁元年太传陈蕃、大将军窦武，被宦官陷害，林宗恸哭之，翌年春卒于宅，年四十二"的说法，

图3-22·济宁文庙·戟门·郭泰碑及碑阴画像

而陈蕃、窦武之死为汉灵帝建宁元年（168）九月，并认为关于这一记载史料并无差错，再进一步分析说建宁二年（169）正月无乙亥日，因此让人产生疑问。但即便如此，还是不能确切证明《水经注》的正确，或者《金石萃编》的错误，云云。（常盘大定 文）

此碑背面有画像，正如塚本博士所说，此背面画像自成一石，大概为后人将另一块碑移至此时，与此

图3-23·济宁文庙·戟门·郭泰碑及碑阴画像

碑拼到一起,并做了砖砌柱及盖,以保护两碑。王文敏说画像为武氏残像,这是不对的,因为画像的手法与武氏石室的手法相去甚远。

　　画像分左右两区,周缘及分界处刻有细线菱纹,右区左端已破损,但大部分仍保存完好,且图案均整,因此可推知画像全貌。雕刻方法先是纵向粗凿,并于其上凹雕画像,轮廓稍深,中央稍高,圆线条,手法简朴古拙。图案为一间四面坡屋顶式房屋,有界线将房屋分为上下两层,下层一人长袖飞舞,一人弹琴,一人拍手,楼上三人抚弄乐器,房屋左右各刻一树,但右边的已经损坏,只剩下一部分。

　　左区雕刻手法与右部相同。树下有二人,对空仰射,十只禽鸟从左右向内飞来。树干及人物雕刻手法皆古拙简朴。(关野贞 文)

铁塔寺

铁塔寺位于济宁城内,原名"崇禅寺"或"释迦禅寺",创建于北齐皇建年间,因门外有九层铁塔,俗称铁塔寺。铁塔第一层刻有宋崇宁乙酉年(1105)"还夫愿常氏铸造"铭,第二层刻有"皇帝万岁、重臣千秋"铭。据明代玉梓的《修铁塔记》记载,明万历九年(1581)至翌年之间,楚袭公及郡侯萧公等于七层塔之上又建两层,并饰以宝珠、风铃。

塔高三十尺,立于八角形炮弹状塔基之上。顶部二层及宝珠为万历年间补加,全高约五十尺,逐层递减,呈高峻之势,细部雕刻颇为精巧丰美。各层四面开窗,隅面有双佛龛,檐下斗拱四垛,各层周围高栏处刻雷纹、簇四球格眼花纹、牡丹花纹等。(图3-24、图3-25)(关野贞 文)

图 3-24・铁塔寺・铁塔细部

图 3-25·铁塔寺·铁塔

普照寺 | 石塔

　　普照寺位于济宁城内，据传为齐梁古刹，因金代照公禅师得名。大雄殿前为唐宝历二年（826）立尊胜陀罗尼，南门外为明代塔。塔为石砌八角形十三层，立于重层塔基之上。因为逐层递减，显得权衡极为高峻。檐短且呈反卷状。顶部冠以宝珠莲座。第一层四面刻有铭文，四隅浅雕莲花、葡萄、牡丹、梅、竹等。明正统七年（1442）建，高约三十三四尺。

（图3-26）（关野贞 文）

图 3-92-3 · 普照寺 · 石塔

山东
长清
CHANGQING
DISTRICT,
JINAN CITY
OF SHANDONG
PROVINCE

山东
济南
JINAN
CITY OF
SHANDONG
PROVINCE

山东
肥城
FEICHENG
CITY OF
SHANDONG
PROVINCE

山东
嘉祥
JIAXIANG
COUNTY OF
SHANDONG
PROVINCE

QUFU CITY OF SHANDONG PROVINCE

TAI'AN CITY OF SHANDONG PROVINCE

ZOUXIAN COUNTY OF SHANDONG PROVINCE
SISHUI COUNTY OF SHANDONG PROVINCE
YANZHOU CITY OF SHANDONG PROVINCE
JINING CITY OF SHANDONG PROVINCE

CHANGQING COUNTY OF
SHANDONG PROVINCE
JINAN CITY OF SHANDONG PROVINCE
FEICHENG CITY OF SHANDONG PROVINCE
JIAXIANG COUNTY OF SHANDONG PROVINCE

山东曲阜　　　　　　　□
山东泰安　　　　　　　□
山东邹县　山东泗水　　□
山东兖州　山东济宁
山东长清　山东济南　━━
山东肥城　山东嘉祥

山东长清

真相寺 | 舍利塔铭

真相寺位于长清县城西，寺内有砖塔八盘，藏有释迦舍利。另有刻石为宋元祐二年（1087）学士苏轼撰并书。

从铭文可知，洞庭南有阿育王塔，塔内葬有佛舍利。有一比丘曾在大施会将佛骨取出时，将其偷去三块，想将其葬于他处，以祐众生，但很久不能找到埋葬之处，于是赠与方子明。宋元丰三年（1080）苏轼之弟苏辙被贬至高安时，从方子明处得之。宋元丰八年（1085）苏轼任文登太守时，路过真相寺，僧法泰建砖塔，却因寺中无舍利而苦恼。苏轼欲将苏辙收藏之舍利葬于此，于是第二年在京师将舍利赠与法泰，从此塔便有了灵气，云云。（图4-1）（常盘大定 文）

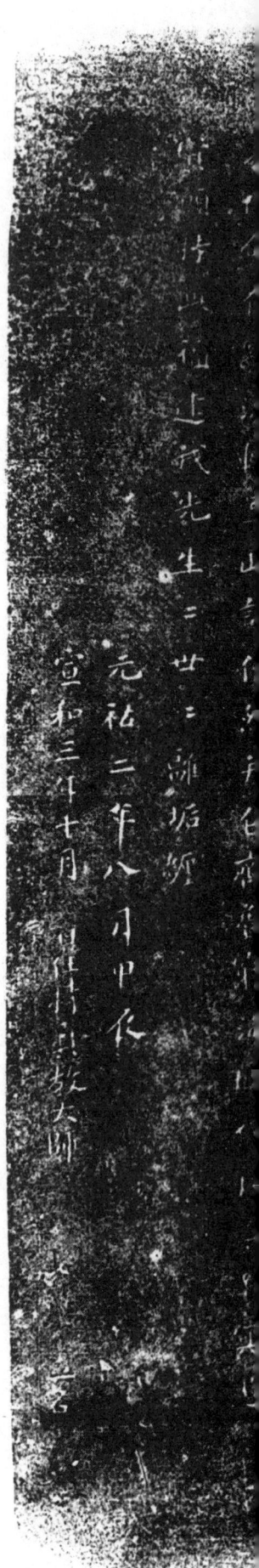

图4-1·真相寺·舍利塔铭拓本

五峰山

莲花洞

山东省肥城县北七十里处，五峰山悬崖上有一佛龛，被称为"莲花洞"。洞口朝西，左方岩壁上寸许深长方形内刻有"大周□清元年□□修造"等字。这是作者实地调查时辨认出的字迹，"□清"大概应为"河清"，因为河清为北齐年号，而北周无此年号，大概因为字迹模糊，误将大齐读成大周了吧，这一点还需进一步调查研究。从洞内佛像样式来看，绝非北齐以后之物。（图4-2）

洞中造佛铭文多达六十余段，但无年号，其中只有一篇写有"北齐乾明元年（560）比丘慧承等造弥敕像一躯"，而且它的拓本也确实存在。

龛室南北宽十一尺五寸四分，东西宽九尺一寸，天井高九尺六寸五分。（图4-3）入口上部呈半圆拱形，宽七尺九寸三分，深四尺六寸。入口左右两壁的上部有六行六段共三十六座小佛，下部刻有金刚像，手法简洁。

龛内小佛龛左壁共有七十三座，右壁八十一座。这些龛内台座上皆有跌坐小佛像，有的佛像旁刻有造像者名，有的没有无造像者名。前壁入口北面也有十四龛，南有十七龛，手法与前者相同。（图4-4）

后壁中央为主尊释迦坐像，置于须弥座上。左右为两罗汉、两胁侍菩萨立像，皆为高浮雕。右罗汉之上并列两小龛，左胁侍右肩上也有一小龛。天井呈稍穹状格天井，中心一个很大的方形框内刻有八叶大莲花，周围四十四小格间内各有六叶小莲花，皆为大花萼，花瓣平润，手法雄健。（图4-5）（关野贞 文）

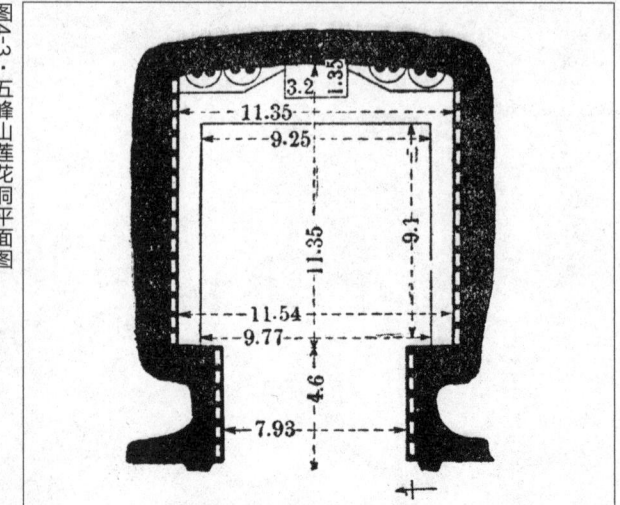

图4-3·五峰山莲花洞平面图

图 4-2 · 五峰山 · 莲花洞全景

图 4-4 · 五峰山 · 莲花洞 · 壁刻小龛

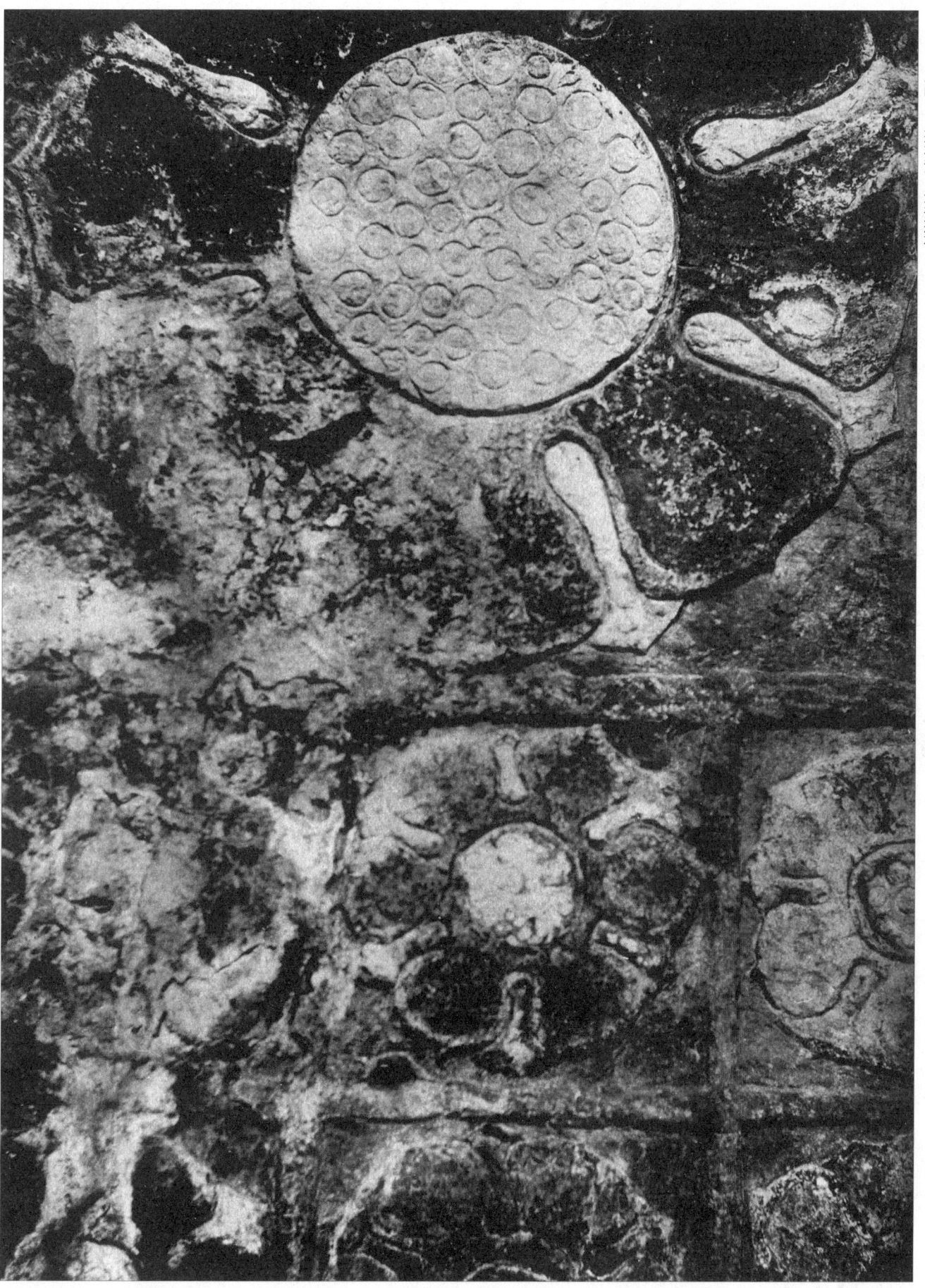

图 4-5 · 五峰山 · 莲花洞 · 天井莲花

主尊释迦如来坐像

主尊释迦如来像跌坐于须弥座上,后为圭形背光,头部稍大,面廓稍长,带有北魏特点,衣纹雕刻浅显简劲。背光头部之处刻简练古朴的莲花,周边刻有圆形、菱形花纹。除莲花外,另有阴刻火焰,手法亦简朴。须弥座中间窄,上下宽,两层,上刻精致莲瓣,腰部中央刻有巨大圆形人面,非常罕见,两旁有立柱。(图4-6、图4-7)(关野贞 文)

图4-6·五峰山·莲花洞主尊释迦如来头部

图 4-7 · 五峰山 · 莲花洞主尊释迦如来坐像

两罗汉及两胁侍菩萨像

主尊左右为迦叶、阿难两罗汉立像。权衡较好，但阿难头部缺失过半，令人惋惜。阿难左手举至胸部，持念珠，右手下垂执衣，迦叶合掌。二者皆立于莲座之上，相貌、衣纹雕刻手法简洁素朴。

两胁侍菩萨像头部稍显大，但躯体权衡很好，值得一看。二像皆一手持壶，一手下垂执衣。面相及其他部位的雕刻手法都与主尊相似，但更优于主尊。背光呈宝珠形，中央为莲花，周围呈火焰状，此手法亦与主尊有异曲同工之处。（图4-8、图4-9、图4-10）（关野贞 文）

图4-8·五峰山·莲花洞侍像

图 4-9 · 五峰山 · 莲花洞 · 侍像

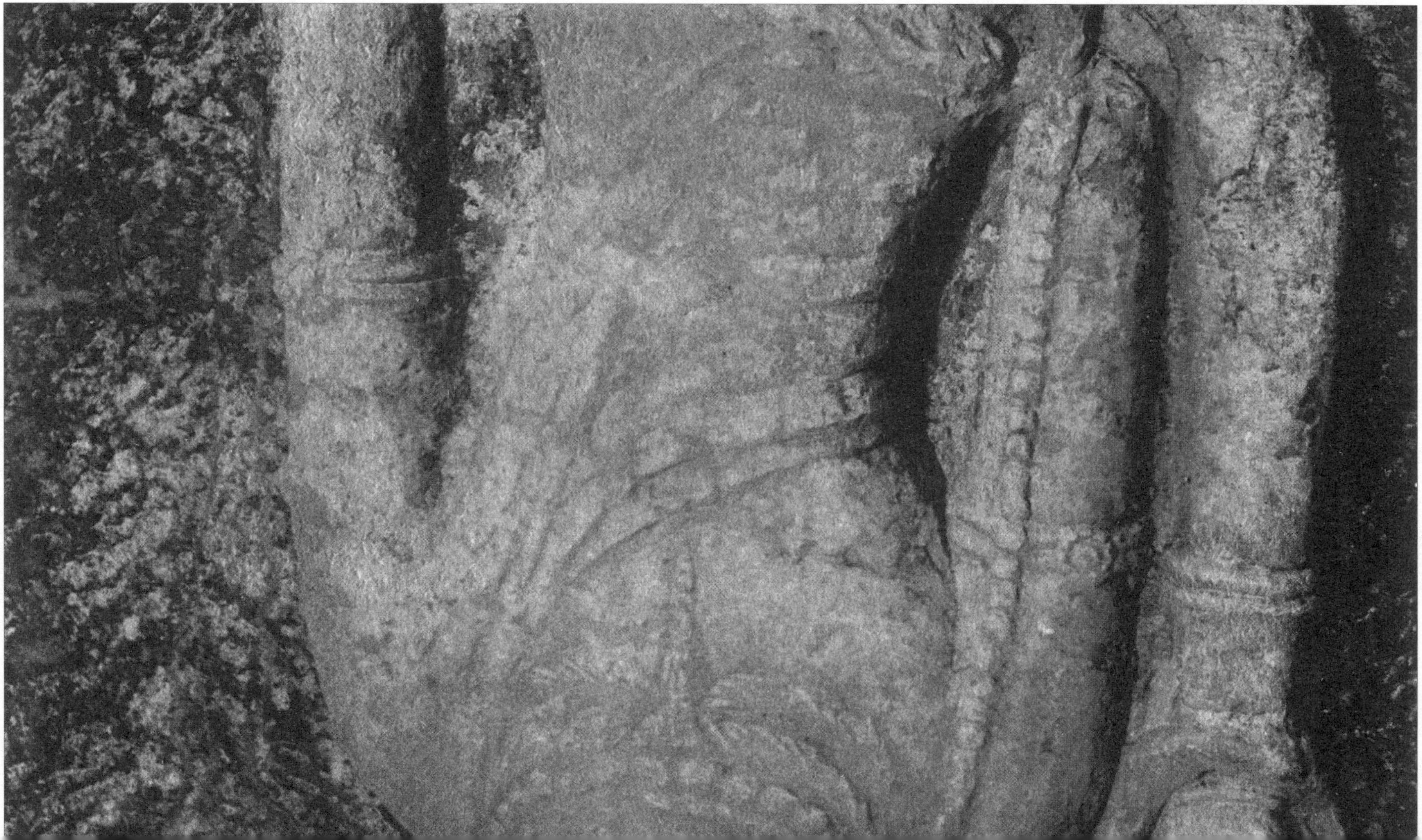

图 4-1-0 五峰山·莲花洞·辛未于像羊

五峰山庙

　　五峰山上有一座大庙，庙里先是有一小宫，鐾上铸有"大明国山东济南府长清县五峰山敕赐保国隆寿宫"，此为明代时整个庙宇被赐的庙名。出小宫进入外门就有一座灵官殿，殿内有一内门，上题"伏魔殿"，里面放有"关圣帝君神位"牌。接下来是玉皇庙，院内立着一块石碑，背刻"杜仁杰撰青静崔先生传"，表面刻有崔先生像。崔先生讳道深，字玄甫，大概为兴庙之人。接下来一殿祭祀碧霞元君，即泰山娘娘。另有镇武殿、万仙楼及三官庙。"三官"指三元，为此庙主尊，其旁有一小宫，为庙宇尽头。

　　以上诸庙因陡坡之势而建，故呈上下相连之势，地势无一平坦之处，这些庙合在一起构成一座大庙。整座山上巨树蓊郁，好似灵界，但现如今庙内不见僧侣踪影，寺庙也一片荒芜，大概只是山林受到了保护，而寺庙却没有得到相应的保护。

　　以上为常盘大定于1921年9月27日实地调查的记录。(图4-11)（常盘大定 文）

图 4-11 · 五峰山庙远景

玉皇庙 ｜ 唐石造白塔

　　虽然清嘉庆二十五年（1820）编《肥城县新考》"祀祠"一项中找不到关于玉皇庙的记载，但是在最早的《四境图》中却有关于塔山的记载，而且文字旁画有一塔，"山水"一项中说塔山位于城东南七里处，名为玉皇山。可见此塔很早就已受到关注，从其方形结构可知为唐代建筑。(图4-12)（常盘大定 文）

图 4-12・五峰山庙・玉皇庙・唐石造白塔

山东济南

吕仙阁

济南有吕仙阁、长春观、道院，还有相传建于唐天宝年间的华林寺、图书馆、大明湖、太白楼、北极庙、清真寺，以及其他代表新旧文化的建筑，非常之多，不愧为历史悠久的古城。其中吕仙阁是城内最吸引名士过客的地方。这里有被称为"泉城第一泉"的趵突泉，清清泉水滚滚涌出，经时不断。

关于趵突泉，清道光己亥年（1839）重编的《济南府志》第六卷中记载，趵突泉位于历城县西一里处。《旧志》中称之为"泺水之源"，又名"瀑流"。"春秋桓公十八年，公会齐侯于泺"，即指此地。岱阴之水伏流至城西南，喷涌而出形成此泉。泉由三窟突起，雪涛数尺，声如阴雷，冬夏如一。《明一统志》说济南名泉七十二，趵突为上，金线泉、珍珠泉次之，其余泉与三泉不能相比。清康熙甲子年（1684）九月圣驾东临巡守；十月庚子驻于泉上涌轮亭，御书"激湍"二字，立亭于泉北。

《旧志》引《齐乘》说，"泰山北与齐东南诸谷之水，西北汇于黑水之湾，又西北汇于柏崖之湾，而至于渴马之崖。则泊然而止，至历城西有泉涌出。尝有弃糠于黑水湾者，见之于此。其注而北则谓之泺水"。又说齐地甘泉众多，名泉约十数个，色味皆同，皆为泺水旁出。

《通志》里说，趵突泉为七十二名泉之一，泉水由平地三窟涌出，形状如轮，并称其为温泉，泉旁蔬甲经冬常绿。齐鲁之泉大概皆为济水伏流所成，云云。

先儒多认为济水流向不定，《旧志》引《齐乘》的说法表示异议。对此，《济南通志》引乾隆《济水考》证明济水无定处、无定数。

吕仙阁就是以喷泉为中心修建的，阁四周杂沓。正如其名所示，吕仙阁为祭祀吕祖而建，以《高世观世音救苦真经》为教义。吕仙阁背后为文昌阁，阁前左右分别立有两块巨碑，一块为"文昌帝君阴骘文"，另一块为"太上感应篇"。清道光己亥年重编的《济南府志》第十八卷中说，吕仙阁建于金代，后屡次修葺。（图4-13、图4-14）（常盘大定 文）

图 4-13 · 吕仙阁及趵突泉

图 4-14 · 吕仙阁及趵突泉

长春观

　　长春观位于西观大庵巷。大庵即长春观，长春观既是巷名又是观名，可见庙宇之大。中心大殿内以"邱长春祖师"为中心，左右二弟子胁侍，另有十六弟子站立一排。殿侧有一小堂，其下为邱子洞。据记载，此洞蜿蜒曲折，通往数十里外，但现在已被堵住。后面堂内置有千手观音。毫无疑问长春观元明时期为山东名观，但现在这里已经变成一片废墟，山门被用作了警务署，邱祖殿变成了造纸厂，而观音堂成了染织厂，杂乱不堪。寺院内立有三块"重修长春观"碑，为明清所立，但都已经破损，不能读出所写文字，高粱秆围成的栅栏仿佛将三块石碑隔在了观外。(图4-15) 寺内还有石狮、铁钟，都是些值得一看之物，但现在都已经破旧不堪，任凭风吹雨打。(图4-16、图4-17)

　　以上为1920年9月21日常盘大定前往当地调查时所见情景。(常盘大定 文)

图4-16·长春观·石狮

图 4-15 · 长春观 · 前景

图 4-17 · 长·观音·铁钟

道院

济南城内曾有一个被称为"道院"的新宗教。此教以杜默靖于民国十年（1921）撰写的《太乙北极真经》为圣典，因此杜默靖应为此教创始人。其根本教义为绝对信奉扶乩，据说扶乩始于吴幼琴，后来杜秉寅、刘绍基、洪士陶等人开始以它为信仰并成立了道院，时为民国十年，"真经"即为当初的扶乩。道院当时在社会上的实质性活动就是红卍字会活动，并因此闻名。这一活动将中国各界人士聚集到旗下，并在各地设立支部，道院以燎原之势迅速传播开来。如今的道院建筑宏伟，常盘大定于1924年10月19日曾路过此地，现将当时的情况描述如下。

从题有"道院"的大门（图4-18）进到里面，就会来到一座院内，院内有统院与坛院。（图4-19）以此为中心，四周环有四院，分别为经院、坐院、慈院、宣院。（图4-20）统院以"至圣先天老祖"为主尊，老子、项橐、释迦牟尼、耶稣、穆罕默德为陪尊。传说项橐七岁成为孔子之师，因此代表儒教。由此可加，陪尊分别为道教、儒教、佛教、基督教、伊斯兰教开祖之师。此配置寓意着道院期待五教教徒在作为各教教徒的同时也成为道院的信徒，从而使以统一五教为使命的道院成为世界性的大宗教。

对面左边即是统院，右边为坛院，安放有济颠祖孙真人（思邈）像，这里还有一个乩坛，室中央置有一个方形沙盘，盘上置有南北向横放的枝木，有两人对坐，各持木一端，心去杂念，任凭木动，木一动，枝就会在沙上写出一些字迹，而旁边有一人就会将这些文字誊写下来，以传达神明的想法，这就是扶乩。道院中最能代表道教的地方就是统院的主尊先天老祖和坛院的主尊孙思邈以及扶乩。扶乩的内容被记载在墙壁上，有诗，有文字，有句子，皆为一般人耳闻能详之事，还有关于关帝、文天祥的记载，内容丰富繁多。经院为印制这一新宗教的经本之处，安放有文殊祖师及普贤尊者。坐院为静坐历练精神之处，安放有达摩祖师及普静尊者。慈院主要是规划各种慈善活动的地方，安放有三尊佛及喇嘛佛。宣院内没有安放神位。

由此可见，道院是以统一五教为使命而诞生的宗教。大概是为了修炼集五教真髓的真经，主张以静坐及慈悲之心传教。常盘访问此地时，李永初（号公初）管辖此地。据说虽然真经最能代表道院的宗旨，但如果不成为其信徒是不能得到传授的。

经院、坐院、慈院里面安放着文殊菩萨、普贤菩萨、达摩祖师、三尊佛及喇嘛佛，可见，其中掺杂了很多佛教的成分，这其实就是道教所期待的合纵连横。

从道院的设施，依稀可见金元时代风靡天下的全真教的影子。全真教原欲融儒道佛三教为一体，将其归一为道教，如今时代不同，三教变成了五教。道院与全真教的不同之处就是增添了一些近代的色彩。所谓近代的色彩就是指一些社会性的活动和世界性的宣传，这样其信徒就全身心地投入扎实稳健的社会活动当中，令世人心向往之。但是据说道教徒、佛教徒都参加他们的活动，而基督教徒、伊斯兰教徒却不参加。从各教派的组织形式上来看，这也是必然结果。

以上记述是常盘十七年前的见闻，如果现在情况已经发生了变化的话，那么要想探讨哪些地方发生了变化，这个见闻一定会起到一些作用。（常盘大定 文）

图4-19·道院

图 4-18 · 道院

大明湖

清道光己亥年重编的《济南府志》第六卷中说，大明湖位于济南城西北角。《旧志》说其源头出自濯缨泉、珍珠泉等，为济南城三大河流之一。鱼莲菱茨，游弋湖中，湖光浩渺，山色遥连，鼓枻其中，实乃江北胜地。湖水从北水门流出，注入大小清河，汇入大海。

《水经注》说，泺河北为大明湖，湖西即是大明寺，寺东北两侧紧临湖水，形成净池，池上有客亭，左右楸桐向日俯仰，鱼鸟成群，水木明瑟，可谓濠梁之性，物我相融。

大明湖南祭祀着碧霞元君，因为泰山顶建有碧霞灵应宫，所以这里称为泰山行宫。关于碧霞元君的号，道家的书里没有记载。如今寺庙已经变成了省会祈雨的场所，地方官于朔望行香，四月十八日举行祀礼。清道光己亥年重编《济南府志》第十八卷中说，这个祀礼与东岳庙的一样。（图4-21）

（常盘大定 文）

图 4-21 · 大明湖

北极阁

《济南府志》第一卷济南府城图中显示，城内大明湖的北边有北极庙，东北为晏公祠，西北为佛公祠、铁公祠，再南边为三公祠。北极庙即北极阁，图中虽有记载，但"祠祀"项下却没有关于北极阁的记载。

清道光己亥年重编的《济南府志》第三十一卷"古迹"一项中引《通志》说，北极台位于城北大明湖上，又引《旧志》说北倚府城，南瞰山峦，蔚然而成大观。说的就是北极阁。

清宣统三年（1911）重编《山东通志》第三十四卷"古迹"中也说北极台位于大明湖北。（图4-22）（常盘大定 文）

图 4-22 · 北极阁

金石保存所 ｜ 北魏孙宝憘造像

济南府金石保存所中保存的北魏石佛中有一座是神龟元年（518）孙宝憘所造。造像的头部近年虽经过补修，但修补手工拙劣，造像形体偏矮，衣纹遒劲繁复，左右有小菩萨胁侍像。造像背光呈圭形，中央刻有莲华纹，四周刻有忍冬花，外刻火焰，两旁为飞天，手法雄健之中略显生硬。台座中央置有香炉，左右刻夫妻供养图，图两端刻有狮子，其间刻着铭文。至于这是什么造像，文中却没有记载。（图4-23、图4-24）（关野贞 文）

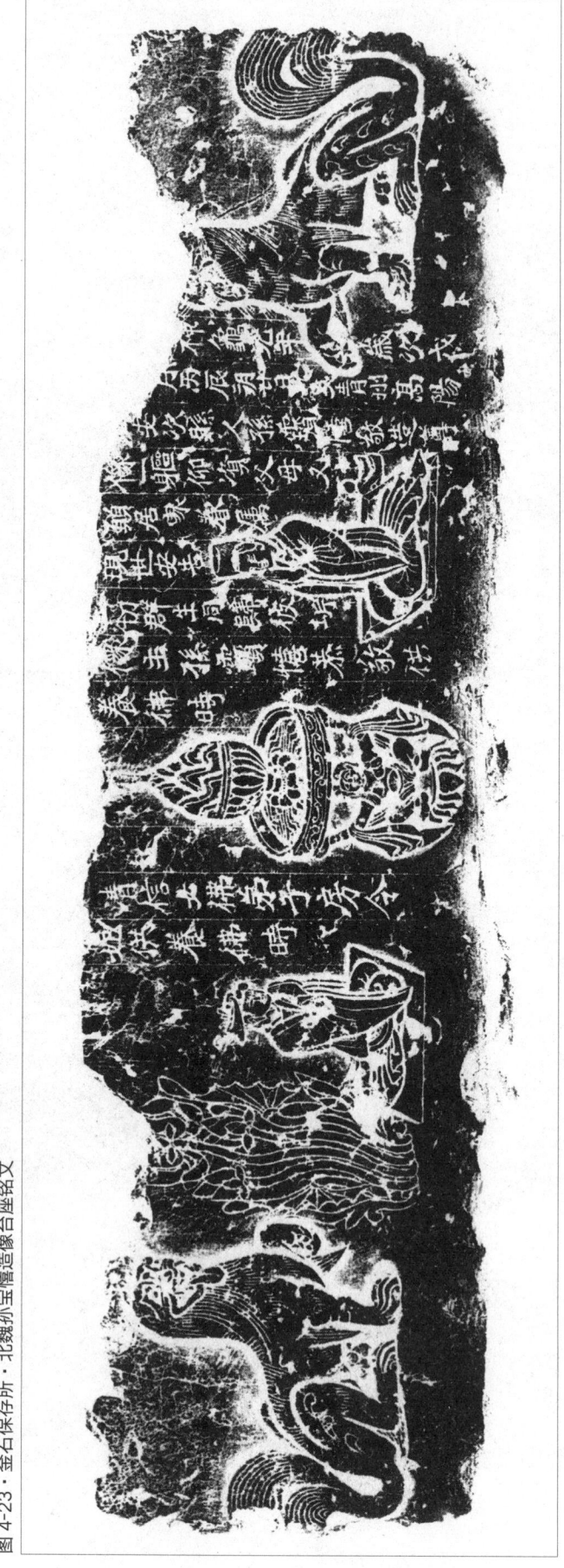

图4-23·金石保存所·北魏孙宝憘造像台座铭文

图 4-24 · 金石保存所 · 北魏孙宝憘造像

山东肥城

孝堂山石室

后汉时期，陵墓的前面常常建有石庙，即石祠，这在很多书里都有记载。据说这个习俗自前汉时期就已经有了，但至今也没有确凿的资料可以证明这一说法。《后汉书·礼仪志》《大丧》中引用《古今注》，详细记载了历代帝陵的广袤、殿门、园寺等，其中提到明帝显节陵、章帝敬陵、和帝慎陵、安帝恭陵、顺帝宪陵等都有石庙。《水经注》中也说河南、山东的陵墓前也都建有石庙、石祠、石阙等。据关野贞实地考察所见，山东省有丰富的适合建石庙的石灰石，因此应不乏将其拿来建石庙者。不过在这些石庙中原样保存下来的只有山东省肥城县孝里铺孝堂山石祠。山东省嘉祥县武翟山武氏祠里当初也有三座石祠，可惜乾隆年间被拆，幸好建造石祠的石材被保存在别的建筑物里。另外汉代石庙有的已经被埋在了地下，有的被后人破坏，没了踪影，但当初建造石庙的残石有的被砌进了寺庙的墙上，有的被私人收藏，其数量非常多。

孝堂山位于山东省肥城县西南约七十里处的孝里铺。北面是一望无际的长清县平原，南面为连绵起伏的丘陵山地，高不过四十米左右，满山都是石灰岩。（图4-25、图4-26）

山顶有庙，为"郭巨祠"，祭祀汉代孝子郭巨。庙内有一石室，并造有套堂，堂为近代砖砌建筑。（图4-27）堂后有小古坟，东西约七十尺，南北约六十五尺，高约十尺，稍呈瓢形。从形状来看，此小坟是当初紧接石室后壁而建，大概石室曾是建在小坟前面的一座石庙。

这座石室和古坟相传是古代孝子郭巨葬母处，也有说是郭巨之墓的。后人在墓旁建造了雄伟的寺庙，以祭祀郭巨，称为"郭巨祠"。如今石室的西壁外面有北齐武平元年（570）所刻陇东王胡长仁的"感孝颂"。据此可知，北齐时期这里就已经是郭巨墓了。但《县志》及套堂前所立"乾隆二十二年重修汉孝子郭公祠记"中又说，这里葬的是郭巨的母亲。这些说法都不过是后人的猜测，不可信。现在石室的内壁面上刻有许多东汉以来后人的题名，其中最早的题名为东汉永建四年（129），其次为永康元年（167）。壁面上的画像手法古朴，都是公元一世纪后半期之前的作品。

石祠面南，以灰黑色石灰石砌成。其平面为长方形，正面十三尺六寸三分，侧面八尺二寸八分，前面正中基石上立有八角形石柱，石柱上方有柱头，石柱承托轩桁，轩桁两端由长方形石柱支撑。到了宋代又在其侧面各补加了八角形石柱。东西两壁都由一石砌成，顶部呈钝角状，以支撑屋顶。中央八角柱上部有石梁架于前后，上部也呈钝角状，以便支撑屋盖。后面的墙壁由左右二石砌成，屋顶为单檐悬山式瓦葺，由前后各两石构成，但现在前面西边的石块是后人补加的，由上下两石重叠而成。内部天棚最高处约七尺一寸九分。

这座石室大概模仿了当时的木造建筑，所以柱下都有基石，特别是还有类似后来的大斗的柱头，实属罕见。单檐，无反。外端断面为圆形短垂木。屋顶坡度稍缓，呈悬山式，也是模仿本瓦砌建筑造有大栋。檐端有巴瓦，但没有唐草瓦，都是普通的平瓦。东边墙壁的外面上部有垂饰图案的横带，而西边墙壁刻有北齐陇东王的"感孝颂"。内部东西壁及后壁上阴刻各种画像，正中石柱上部的石梁表面、东端石柱上部的石梁表面及东端石柱的背面都刻有同样的画像作为装饰。

如今说起中国的石祠、石堂，值得一看的也就是这座石室了。通过石室内部墙面上的画像，人们既可以了解当时的风俗习惯，也可以了解当时此类艺术的发达程度。

从雕刻手法上看，石面平滑如镜，画像浅浅地阴刻其上，手法非常特殊。现在石祠内部正中置郭巨父母像，父母之间为郭巨儿子像，东边为郭巨像，西边为郭巨妻像，前面石桌上刻有精美的图案，这些都是后人补加上去的。(图4-28)（关野贞文）

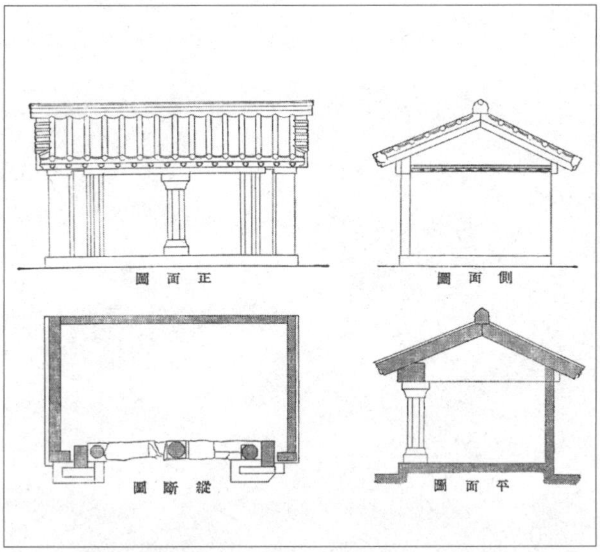

图4-25·孝堂山石室实测图

图4-26·孝堂山石室附近略图

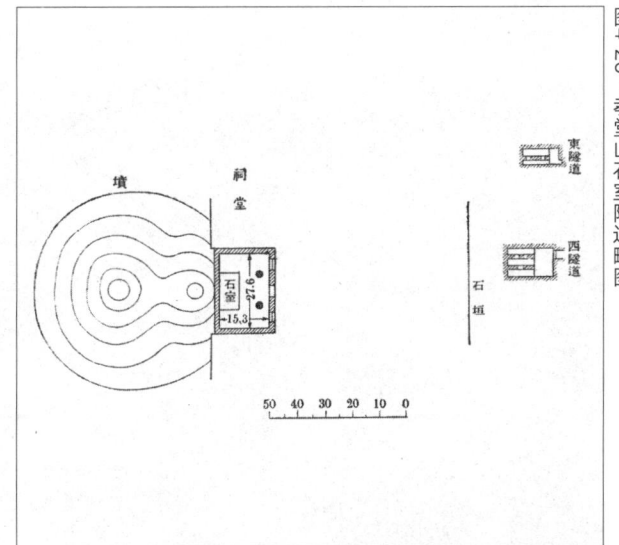

图4-27·孝堂山石室·套堂

图 4-28 · 孝堂山石室

后壁上层画像

石祠后方壁面画像分上下两层，上窄下宽，上层中央有马车，一人乘车，一人驾驭，四马牵引，上刻"大王车"三个字。前面的马车内有四人，皆坐并吹笙。上方悬鼓两人作击打状，后面两马车相随，各由两马牵引。前前后后共三十个骑马人物成两列前行，先头有两人负弋引路。

下层画有楼阁三座，左右排列，其两端及中间有岑楼各一。楼阁屋顶皆有四柱，上面画有猿及凤凰、雁等鸟类。楼阁的下层坐有一位贵人，众人面对贵人而立，作敬礼状。图4-29是上层画像中央贵人的马车及乐车的情景。（关野贞 文）

图 4-29 · 孝堂山石室 · 后壁上层画像部分拓本

西壁下层画像

　　石祠西壁上方沿屋顶向下呈三角状，共刻六层画像。上部第一层两人对坐，左右刻人物、狗等。第二层有抬杖至胸部二人，这难道是《海外南经》里提到的三苗国东边的贯匈国的风俗吗？其左右画有众多人物、狗、兔等。第三层两马相立，牵马人追随其后向右走去。第四层共二十九人，或相向或相背。第五层右边刻骑射战斗的场面，中间俘虏三人，鸠首二。左边有二层楼，上层坐五人，下层坐一人面右，二人跪拜，作禀告状，大概是在描述捕获俘虏、献上首级的情景吧。第六层是游猎的情景，图4-30为第四层二十九个站立人物、骑射及游猎画像的一部分。（关野贞 文）

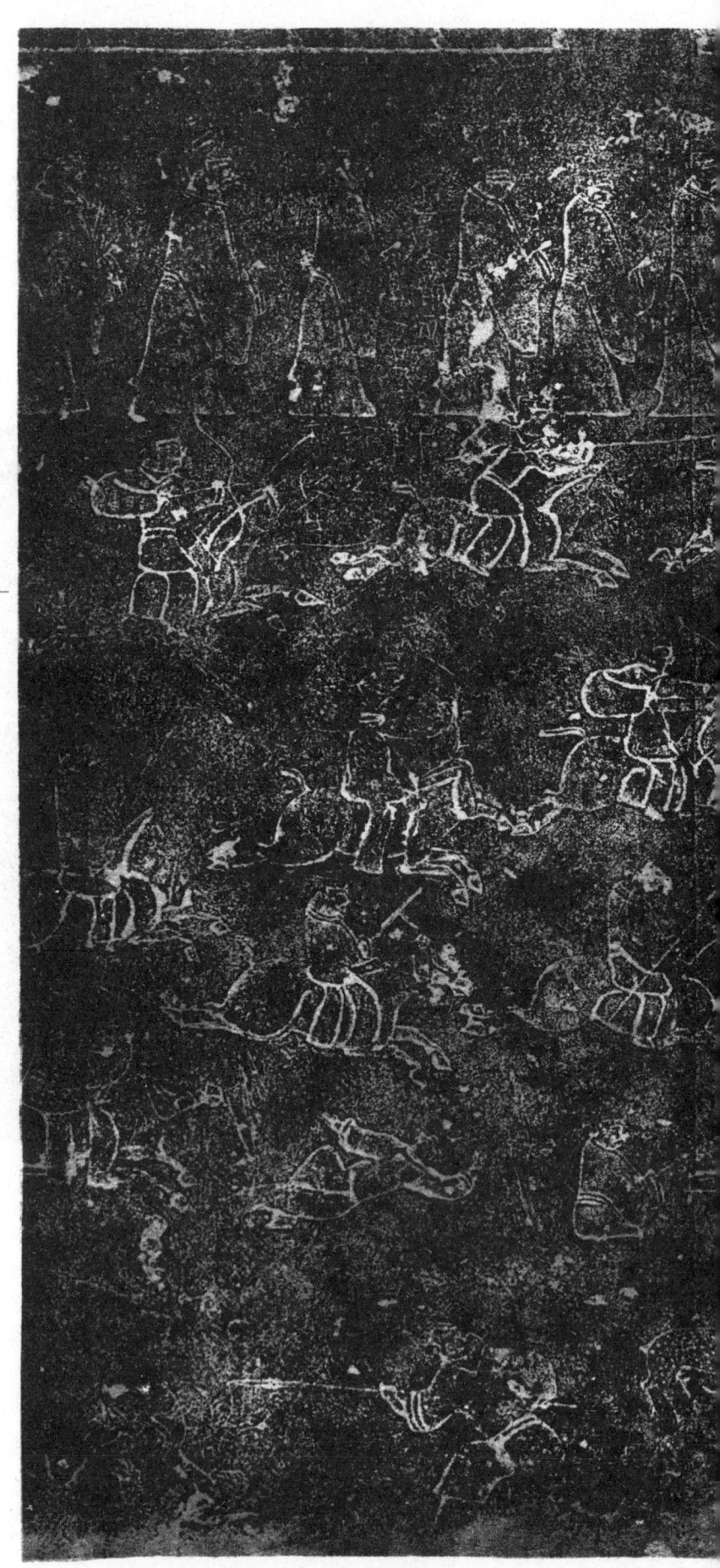

图 4-30 · 孝堂山石室 · 西壁下层画像部分拓本

孝堂山下石祠

关野贞调查孝堂山时，发现了东北麓的画像石，上面阳刻鱼形、凤凰。1908年1月6日挖掘此地时，发现了地下三尺深处一座石祠的盖石，进而发现后石、两侧石，现收藏于东京大学工学部。

石祠为凹字形建筑，由后石及左右相对而立的两块侧石构成，后石前面和左右两壁及朝前一面壁上刻有画像，上面放有盖石。从石祠构造及图像上的位置来看，石祠后方当初是用土埋着的，大概当初石祠是紧挨着坟墓并在坟墓的前面建造的，并且还在石祠前铺了石路，在石阶上刻了画像。大概这座石祠是东汉时期最小的石祠，估计是祭祀时用来放供品的。

石祠后方宽三尺八寸九分，高三尺八寸。左侧石内面宽一尺九寸，前面宽七寸。右侧石内面宽一尺九寸八分，前面宽一尺一寸，高三尺八寸，使用的都是深褐色石灰石。

后石的前面、左右侧石内面及前面都有画像，但这些画像与孝堂山石室里的画像手法却不相同，这里的手法是通过磨光将画像刻在石面上，其周围浅雕细刻，纵刻凿目，图像内的面相、衣纹阴刻细致。在山东省各地发现的画像石中，有很多采用了这种手法，比如武氏祠。这些图像的手法古拙，带有稚气，大概为公元一世纪前后筑造。（关野贞 文）

后石画像

后石前面上部及左右缘上都刻有奇异的蟠龙图案。内分三层，中层和下层之间及周边都画有同样的图案。上层两马车前后而立，一人护驾。其间配有众多小鸟图案。中层又有两马车，其间画有鸟、犬、蟾蜍、蜻蜓等。下层左方画有单层房屋，方形，有院，屋顶似瓦葺，栋上有一猴。其前面有一人，跪地。大盘中似放有供品，旁边有一烛台。枝叶茂盛的大树下有马和家丁，似在等候主人到来，十几只鸟或飞翔，或停息在树上。（图4-31）（关野贞 文）

图 4-31 · 孝堂山下石祠·后石画像（东京大学工学部藏）

山东嘉祥

武氏石祠

武氏石祠位于山东省嘉祥县东南三十里处武翟山下。当初这里有三座石祠,后来洪水泛滥,泥土堆积,石祠有一半被埋在了土中。清乾隆五十一年(1786)黄易募集有志之士将石祠挖掘出来,拆后重建了砖砌祠堂,祠堂内部墙壁嵌入当初的画像石,这就是现在的武氏祠堂。(图4-32)黄氏发掘并重修此祠,功不可没,可惜武氏祠也和孝堂山的石祠一样,现在已经面目全非了。

祠堂前面有一门,匾额"武氏石室"。门前有个深一丈许的凹洼,是当初三祠遗址,现在这里还到处可见石路、石阶。其前有两石阙东西而立,再前面有两座石狮,周围散乱着石阙残片。西阙上有铭文,从铭文可知,此石阙为武始公、绥宗、景兴、开明四兄弟于东汉建和元年(147)三月为其父而建。绥宗名梁,官至从事。过去这里曾经有石碑,但现在已经不为人知。开明之子武斑、武荣都曾有碑(武斑碑放在祠堂内,武荣碑放在今济宁文庙大成门内)。武斑字宣张,官至敦煌长史,卒于永嘉元年(145),其碑立于建和元年(147)二月二十三日,而石阙晚十日,建于三月四日。这些事情铭文里都有记载。

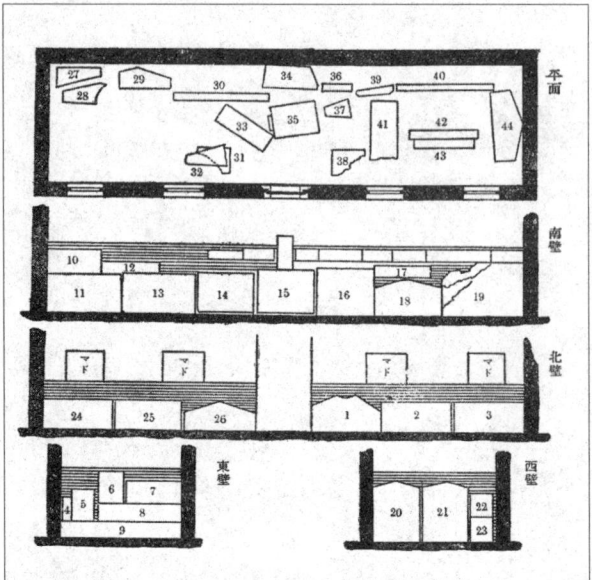

图4-33・武氏祠堂内部画像石配置图

或许当时三石祠之中,一座是武始公兄弟为其父所建,一座为武梁即绥宗所建,而另一座为武斑或武荣所建的,但这些都只是推测。总之,此三座石祠建立年代有所不同,但都距离石阙所立年月,即建和元年不远,因此,由此石室可见后汉末期建筑技术之一斑。

祠堂内部东西宽四十六尺五寸,南北十二尺,砖砌瓦葺,四面壁上嵌有当初建造石祠用的画像石。北壁入口处东边有三石,西边三石,东壁六石,南壁十

图 4-32・武氏祠堂

石，西壁四石，共二十六石。堂内散立"敦煌长史武斑碑"及大小画像石、屋盖石十七块。从这些石材可以断定有些曾经是石室的后壁、侧壁、梁、桁等，有些呈瓦状，大概曾经是屋盖石，其中大块的长达十二尺，也有高达六尺的。石材表面刻有三皇五帝、忠臣孝子、义士节妇等的事迹，旁边附有简单的说明。也有的是关于死者经历的记载，有的刻有人物、楼阁、车马、鸟类、龙鱼图案，以及祥瑞图和奇异画像。这些出土画像石上都阴刻有武梁石室、祥瑞图、前石室、左石室或后石室等以表明其出处。(图4-33)

但是里面也混有其他石室的画像石，比如说后石室的第六石及第七石与左石室第三石形状、手法相同，很明显上述各石室中的石块曾经是别的石室的材料。祠堂内各石位置都是就着石块大小穿插而置的，因此石块布局上并没有什么特点，石块的穿插配置看起来如同插画一样。(关野贞 文)

武梁石祠画像石第一石

此石保存于武氏祠堂内,是被称为"武梁石室画像石"的三石之一。(武氏祠堂内部画像石配置图)这块画像石原来是石室的一个侧壁,上部承接前后相连的屋盖石,因此呈三角形。画像石宽四尺六寸,高六尺。画像分上下三部分,即上部的三角形、上部与中部之间由连环纹、素纹、复菱纹、连弧纹连接形成一条带,下部的下缘由素纹、绞绳纹构成的。

三角形内部中央画像为头戴宝冠,后背有翼的神仙跪坐于地面,其左右亦有背生羽翼人物作供养状,另外还有羽翼蛇身者、人首鸟身者、两兔捣药图及龙、兽等。

画像中部又分两层。

第一层右起画有伏戏(羲)、祝诵(融)、神农、黄帝、帝颛顼、帝佶、帝尧、帝舜、夏禹、夏桀等像。像旁题书,八分隶书,曰:

伏羲仓精,初造王业,画卦,结绳,以理海内。

祝诵氏无所造为,未有耆欲,刑罚未施。

神农氏因宜教田,辟土种谷,以振万民。

黄帝多所改作,造兵并田,垂衣裳,立官宅。

帝颛顼高阳者,黄帝之孙,而昌意之子。

帝佶高辛者,黄帝之曾孙也。

帝尧放勋,其仁如天,其知如神,就之如日,望之如云。

帝舜名重华,耕于历山,外养三年。

夏禹长于地理,脉泉知阴,随时设防,退为肉刑。

夏桀。

这些画像中,蛇身伏羲,手执火炬,对面一女子,亦为蛇身,两蛇身作交尾状,中间一小孩,也有双尾。而神农手持篱笆做挖土状,禹执锹,桀执弋骑于两女子背上。这些画像实在值得一看。

第二层刻有孝子的事迹。右起第一幅是曾参之母机上投杼图,下题"逸言三至,慈母投杼",上题"曾子质孝,以通神明。贯感神祇,著号来方。后世凯式,以正抚纲"。

接下来的画像是闵子骞之父坐车上,子骞驾车,失棰作询问状。题曰:

子骞后母弟　子骞父

闵子骞与假母居。爱有偏移。子骞衣寒。御车失棰。

第三幅画像为老莱于父母前作舞蹈状图。题曰"老莱子楚人也,事亲至孝。衣服斑连,婴儿之态。令亲有欢,君子嘉之。孝莫大焉"。

第四幅画像为丁兰夫妻刻木造父像,并跪坐其前图。题曰"丁兰二亲终殁。立木为父。邻人假物。报乃借与"。

画像石的下部也分两层。

第一层刻有刺客的事迹。右起第一幅是齐桓公与鲁庄公会盟时,鲁国曹沫持匕首威胁齐桓公的故事,各人物的上方刻有"管仲""齐桓公""曹子劫

桓""鲁庄公"等名字。

第二幅为刺客献上腹中藏有匕首的烤鱼，欲刺吴王图。各人物上方刻有"二侍郎""专诸""炙鱼刺杀吴王""吴王"等名字。

第三幅为荆轲刺秦王图。秦王环柱疾走，荆轲头发上盘，持匕首刺秦王，不中，刺入铜柱中。一人从背后抱荆轲腰，荆轲副使秦武阳胆怯伏地，下面函中有樊於期首级。各人物上方刻有"荆轲""秦武阳""秦王""樊於期头"等名字。

第二层有马车二辆，各有两骑前面引路，另有两骑，一人步行随后。(图100) 为中部二层及下部二层图。

(图4-34) (关野贞 文)

图 4-34・武氏祠・武梁石室画像石・第一石部分拓本

前石室画像石第三石

关于前石室画像石,《山左金石志》中说"石索皆十四石",但现在武氏祠堂中只有十一石,丢失三石。前石室第三石(武氏祠堂内部画像石配置图)的画像分上下两层,上层宽,下层窄。上层偏右画有重层楼,左右为重层阙,皆为瓦葺。楼盖背部画有三鸟及一有翼小人物。下层两楹载斗拱,上层为人像柱。楼上中央有一贵妇人,跪坐,左右有六妇人侍奉。楼下一人面左而坐,左右人物侍奉,态度恭敬。另有蛇身人面有翼者缠绕于右楹。两阙皆为下层单楹,上层人像柱,盖上饰有龙鸟人物。左侧有一合欢树,枝条交接,花叶交错,匠心巧妙,枝上有鸟数只,而左阙盖上有一人作欲射鸟状。树下右边有一空车,其旁立一人一狗,左边有一马,憩于树下。下层有三马车两骑正向左方行驶,第二、第三车之间有两人。(图4-35)(关野贞 文)

图 4-35 · 武氏祠 · 前石室画像石 · 第三石拓本

后石室画像石第七石

后石室画像石本来共十块。但第七石、第八石、第九石已经丢失,现已不在武氏祠堂了。第七石原本应该是石室侧壁的一块。画像石上部以复菱纹、绞绳纹、素纹、连弧纹四层构成缘纹;中央有一座桥,桥上及其左右为车骑人物交战状;桥下水中一人,两舟中各二人,呈挟击状;另外还有渔夫二人及鸟禽。石面已残损,有些地方很难辨认。图4-36为纹样下面的画像。(关野贞 文)

图 4-36 · 武氏祠 · 后石室画像石 · 第七石拓本

石阙

石阙左右相对而立，面向东北。一般称左边一部为西阙，右边一部为东阙。两阙相距二十二尺三寸，均高约十三尺六寸，柱宽三尺八寸八分，厚二尺三寸三分五厘，高六尺七寸六分，由三石重叠而成。石阙立于础石之上，上呈大斗形并承托刻有瓦形图案的二重盖，两盖中间也有稍大斗形构成石阙的上层部分。石柱的外侧还附有副柱，宽二尺二寸六分，厚一尺三寸，高五尺一寸三分，由一整石构成。下有础石，上为大斗形单盖，但两阙盖皆已损坏，散落在旁。

石柱前后两面，周边刻有宽五分左右的六条界线，形成五层轮廓。外延起第一层无纹，第二层复菱纹，第三层波纹，第四层绞绳纹，第五层连弧纹。侧面窄，分别由无纹、复菱纹、连弧纹三层构成外缘轮廓。副柱前后面与主柱刻法相同，与主柱相连处缺，但其侧面更窄，只有一层连弧纹环绕其上而已。这些主柱及副柱上都浅刻着人物、车、马、龙、虎、鱼、鸟等图案。（图4-37、图4-38）（关野贞 文）

图4-37·武氏祠·石阙·西阙

图 4-38 · 武氏祠 · 石阙 · 东阙

石阙画像

西阙主柱上的画像正面（北面）分为四层。第一层有一马车，一骑引路。第二层共大小四个人物。第三层为一兽头，头顶三棱冠，口中衔环，两虎后脚交叉于环内，左右相顾，互相啣对方尾部，兽头左右界线上画有小树。第四层，即最下层，刻有八分隶书铭文，曰：

建和元年大岁在丁亥三月庚戌朔四日癸丑。孝子武始公、弟绥宗、景兴、开明使石工孟孚、李弟卯造此阙，直钱十五万，孙宗作子，直四万。开明子宣张仕济阴，年二十五，曹府君察孝廉，除敦煌长史，被病夭没，苗秀不遂，呜呼哀哉，士女痛伤。

图 4-39 为第二层以下画像及铭文。

南面背面分五层。上层画有大小六个人物；第二层和第五层各画有一马车，一骑引路；第三层有六个人物；第四层五个人物，其中两人作相斗状。（图4-40）

（关野贞 文）

图 4-39·武氏祠·石阙·西阙北面画像部分及铭文拓本

图 4-40 · 武氏祠 · 石阙 · 西阙 · 南面画像

石狮

　　石阙前面几步远处，左右各有一座石狮相对而立。这对石狮几年前才发掘出来，以往的书中都没有关于它们的记载。两狮原来都立在台上，但由于脚部已经折断，因而横倒在地上。狮身长约四尺七寸，以写实手法制作而成。狮有鬣，虽尾部缺失，但手法颇为巧妙，不同于石祠中其他画像那样稚拙。据《汉书》记载，东汉章和元年（87）狮子由西域首次引进中国，而此石狮的建造仅仅在六十年之后，所以形态逼真也就没有什么奇怪的了。汉代很多陵墓前都摆有石狮，但现在都没有了，只有这两座被保存了下来。这大概是中国现存石狮刻像中年代最久远的，因此是研究汉代雕刻的重要资料。（图4-41）（关野贞 文）

图 4-41 · 武氏祠 · 石狮

晋阳山慈云寺天王殿画像石

此画像石现收藏于东京大学工学部。关野贞于1907年访问山东省济宁州西北三十里处的慈云寺时，这块画像石就嵌刻在天王殿北边墙壁上。画像分三层。上层中央有一神仙跪坐，左右有三人作敬礼状；左边有一人身鸟首有翼者，呈坐状；右边有一只三足鸟及捣药两兔，还刻有一怪兽。中层有一马车，一人乘坐，一人驾驭，二人执弋前面引路，一人骑马随后。下层为狩猎图，右边两人负毕前行；中间两狗正在追逐两兔；左边一人携狗，上边又有一狗一鸟。

雕刻方法为先纵向粗刻石面，然后浅雕画像轮廓内部，使其低于石面，再刻人物脸部、衣纹等细部。（图4-42）（关野贞 文）

图 4-42・晋阳山慈云寺天王殿画像石（东京大学工学部藏）

嘉祥县所得画像石

　　现藏于东京大学工学部。该画像石的雕刻手法先是纵向粗刻石面，然后浅雕画像轮廓内部，使其低于石面，再刻人物脸部、衣纹等细部。画面分五层。第一层有一妇人倚机而立，与一来人作说话状，左边一妇人正在纺丝。第二层二人相向作搏斗状，左边一人持勺盛食物于盘中。第三层有四人。第四层有三人，其中有斟酒者，有准备食物者。第五层下半部已经缺失，只能看到两人胸部以上部分。（图4-43）（关野贞文）

图 4-43 · 嘉祥县所得画像石（东京大学工学部藏）

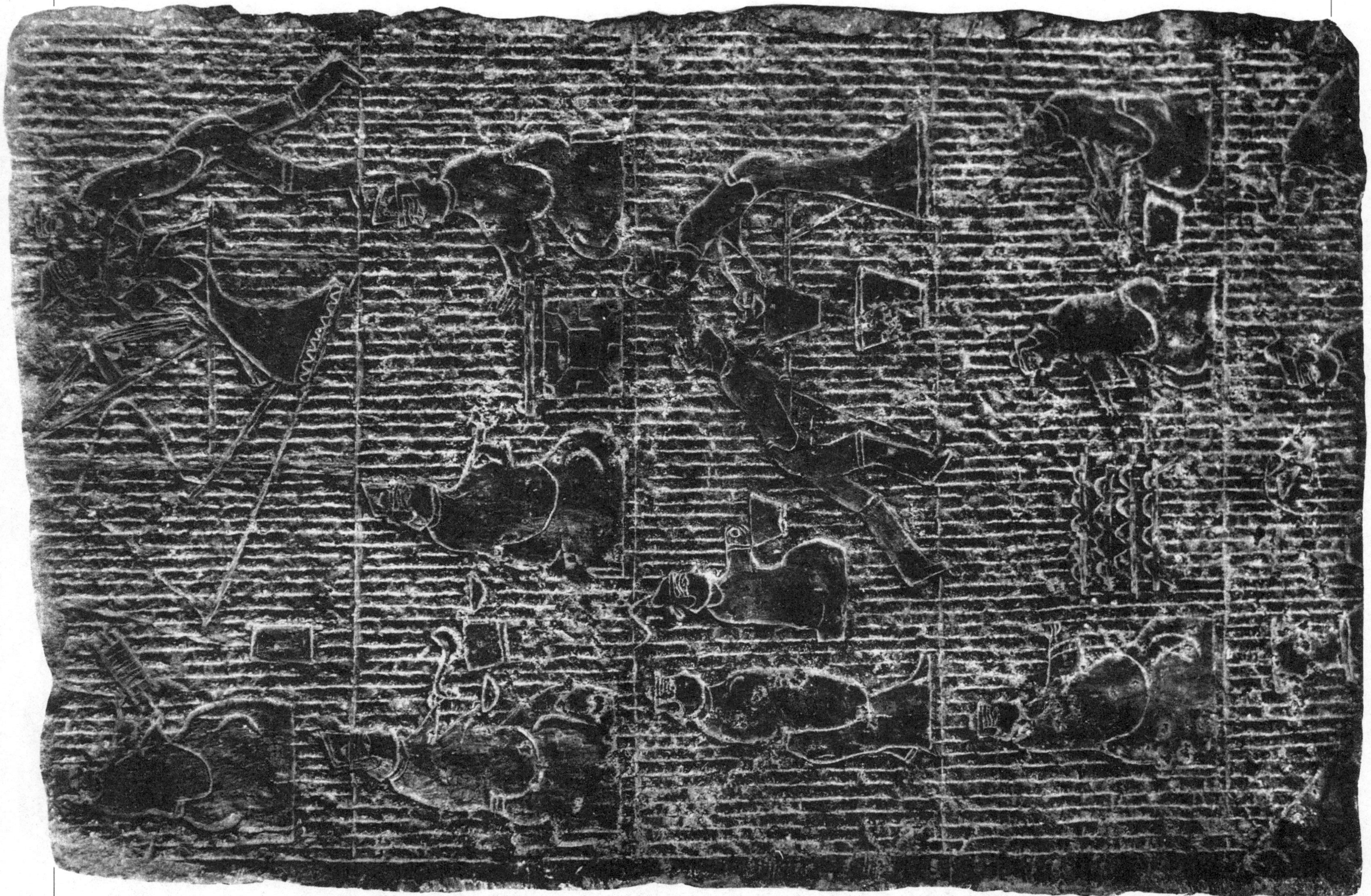

鱼台县所得画像石

现藏于东京大学工学部。该画像石的雕刻手法先是先在石面上凿出粗线条，然后画像。这一点与前面画像石手法相似，但做工粗糙、拙劣。中央有一男一女，长袖飘舞，右边有一人正在玩耍四球。

上部有两人打鼓，鼓悬挂在上，有盖及兽形锤，皆以链连接。下部五人并坐，三人吹笙，一人拍手，一人奏琴。（图4-44）（关野贞 文）

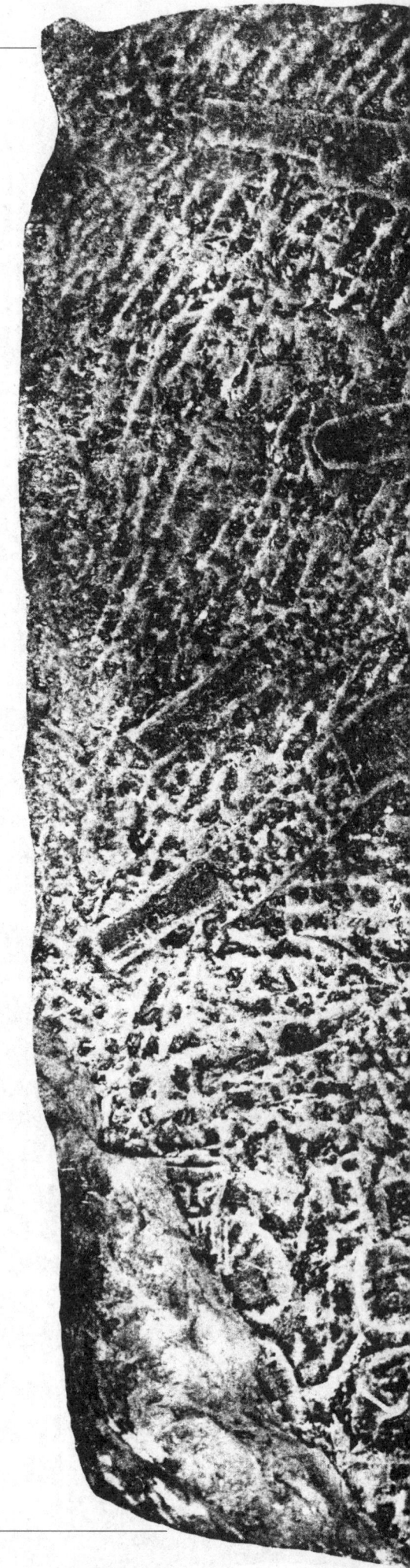

图 4-44 · 鱼台县所得画像石(东京大学工学部藏)

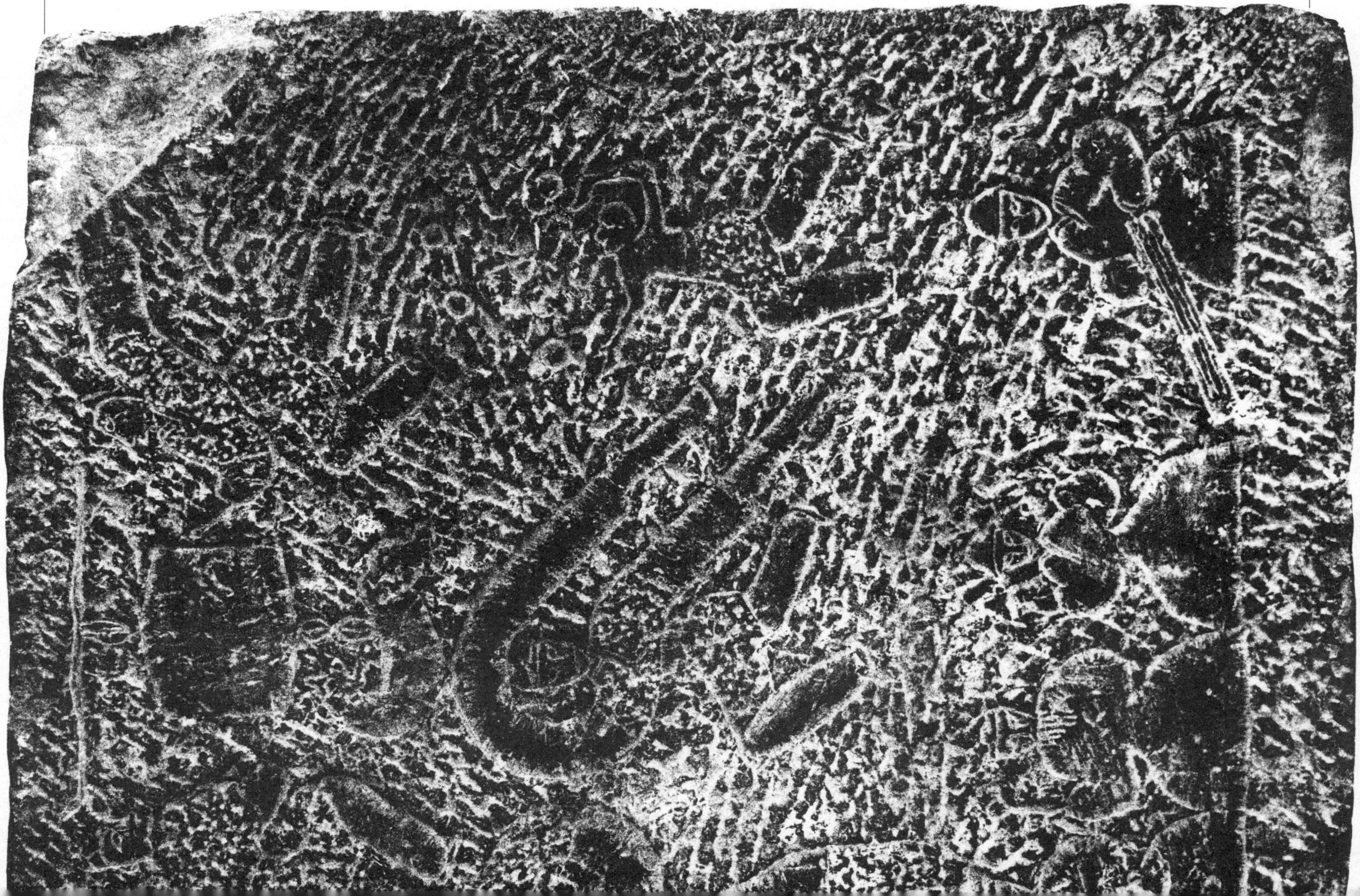

译后记

本书是作者常盘大定、关野贞考察山东各地，包括曲阜、泰安、济宁、济南、肥城等地寺庙的记载。书中所提名寺庙名山有孔庙、孔林、嵩里山、岱庙、徂徕山、长清真相寺、济南吕仙阁、肥城孝堂山等，每一处的记载都非常详细。

作者在对图片等的解说中，穿插了许多历史性的内容，这些看似额外的解说对读者了解寺庙本身有很好的帮助，同时也展示了作者的中国寺庙方面知识的博大精深。特别是对曲阜孔庙进行了大篇幅记载，从大成殿、圣迹殿，到孔墓、孔林、颜庙等都进行了细致的描述，对了解近代孔庙有非常大的参考价值。

比如在"孔庙"部分中，作者首先从历史的角度对孔庙的建筑年代、重修年代、现存建筑的修建年代等都进行了详细说明，同时作者又从孔庙得以反复重修的角度来说明中国历代皇帝对孔子及其后代的重视。文中说孔庙建于孔子死后第二年，即公元前478年，由鲁哀公将孔子故居改建为庙，当时规模很小，汉献帝时又以太牢祭祀孔子，可见自那时孔子开始受到帝王的敬仰。东汉时置人守庙；魏文帝时重修寺庙；北魏时修改祭祀法令，使之更为规范化，其后梁敬帝、陈后主分别修葺了寺庙。到了唐代，唐玄宗更是追谥孔子为文宣王，孔子像的服饰也由此改为帝王模样，寺庙规模逐渐扩大，庙宇亦愈显威严，等等。此类解说无疑可以使读者更好地了解图片中所表现的景象。

作者还进一步分析了为什么北魏、金、元、清等时代的天子皆非汉人，但尊崇孔子之心却甚于汉人，其原因大概在于想借此怀柔汉人，作者眼中的事实，在使人耳目一新的同时，也会让人产生认同感。通过这些看似对图片无关紧要的记述，再来看图片，会有一种"原来如此"的感觉，这使得图片也变得生动起来。

在书中作者除了对每一座庙宇、每一道门、每一座亭都进行了细致地描述以外，对寺内碑刻的记载也非常详细。仅孔庙同文门的碑刻中，有图片有解说的就有21块，如"汉孔庙置守庙百石卒史碑""汉鲁相谒孔庙残碑""汉孔君墓碑""北魏鲁郡太守张猛龙碑""唐文宣王庙门记碑""宋新修兖州文宣王庙碑""元大德十一年汉蒙两文碑"等。每块碑刻都详细记载了立碑之时、立碑何处、立碑原因、何人撰文、碑体形状、雕刻及书法特点等，并对有些碑的碑阳、碑阴都进行了说明。此类解说令图片部分变得生动且富有活力，同时也使读者能够更深切地感受到历史变迁。

从翻译的角度来说，围绕这些碑刻的翻译是最难的一部分，几乎翻译每一块碑刻时，译者都查阅了大量的资料。因为作者在解说碑刻中，旁征博引，涉及的古代书籍非常多。为了尽量准确地翻译出作者所提到的各类书籍中关于碑刻的记载，译者尽可能查阅原文，在理解了原文与日文的基础上进行翻译，因此碑刻部分的翻译工作花费时间最多。

以上是译者在翻译本书中的一些感受，希望能够为读者在阅读本书过程中带来些许启发。在此感谢在翻译本书过程中支持我的家人！

刘红